CELEBRAR A EUCARISTIA COM CRIANÇAS

Coleção Comentários

A mesa da Palavra I: Elenco das Leituras da Missa – José Aldazábal
A mesa da Palavra II: leitura da Bíblia no ano litúrgico – Pedro Farnés
Celebrar a Eucaristia com crianças – José Aldazábal
Instrução Geral sobre o Missal Romano – José Aldazábal

José Aldazábal

CELEBRAR
A EUCARISTIA
COM CRIANÇAS

Dados Internacionais de Catalogação na Publicação (CIP)
(Câmara Brasileira do Livro, SP, Brasil)

Aldazábal, José, 1933-2006
Celebrar a Eucaristia com crianças / José Aldazábal ; [tradução Ricardo Souza de Carvalho]. — São Paulo : Paulinas, 2008. — (Coleção comentários)

Título original: Celebrar la Eucaristía con niños
Bibliografia.
ISBN 978-85-356-2239-3
ISBN 84-7467-123-X (ed. original)

1. Eucaristia – Celebração 2. Missa com crianças I. Título II. Série.

08-01817   CDD-264.02036083

Índice para catálogo sistemático:
1. Missa com crianças : Celebração eucarística : Igreja Católica   264.02036083

1ª edição – 2008
1ª reimpressão – 2017

Título original da obra: *Celebrar la Eucaristía con niños*
© Centre de Pastoral Litúrgica, Barcelona, 1991

Direção-geral: Flávia Reginatto
Editores responsáveis: Vera Ivanise Bombonatto
                   Antonio Francisco Lelo
Tradução: Ricardo Souza de Carvalho
Copidesque: Anoar Jarbas Provenzi
Coordenação de revisão: Marina Mendonça
Revisão: Ruth Mitzuie Kluska
Direção de arte: Irma Cipriani
Gerente de produção: Felício Calegaro Neto
Capa e produção de arte: Wilson Teodoro Garcia

Nenhuma parte desta obra poderá ser reproduzida ou transmitida por qualquer forma e/ou quaisquer meios (eletrônico ou mecânico, incluindo fotocópia e gravação) ou arquivada em qualquer sistema ou banco de dados sem permissão escrita da Editora. Direitos reservados.

Paulinas
Rua Dona Inácia Uchoa, 62
04110-020 – São Paulo – SP (Brasil)
Tel.: (11) 2125-3500
http://www.paulinas.org.br – editora@paulinas.com.br
Telemarketing e SAC: 0800-7010081
© Pia Sociedade Filhas de São Paulo – São Paulo, 2008

INTRODUÇÃO

Dois acontecimentos pastorais: O *Diretório* e as novas Orações Eucarísticas para Missas com crianças

São muitos os pastores que sentem uma preocupação em relação às crianças de suas comunidades. Por um lado, desejam ajudá-las em seu caminho de fé, conduzindo-as a uma celebração proveitosa e ativa da Eucaristia. Mas, por outro, encontram sérias dificuldades em seu trabalho, devido à própria estrutura da celebração e à peculiar psicologia das crianças. Talvez nunca como agora a Igreja tenha sentido o desejo e ao mesmo tempo a dificuldade dessa iniciação litúrgica das crianças.

O Vaticano II, em sua Constituição sobre a Liturgia, traçou os critérios de uma participação ativa e consciente por parte de todos, cada um segundo sua condição e idade. Em uma linha coerente com essa tarefa, em 1973-1974, ou seja, dez anos depois da aprovação da reforma litúrgica, chegou-se, na esfera oficial, a uma reflexão profunda e a algumas reformas concretas: o *Diretório para Missas com crianças* e as novas Orações Eucarísticas, que oferecem para elas um autêntico marco na história da pastoral.

Por um lado, são um belo exemplo de colaboração entre Roma, os peritos e as Conferências de todo o mundo. Além disso, são documentos que, não obstante algumas vacilações iniciais, estabelecem com clareza um princípio fundamental, "o bem espiritual" das crianças, ou seja, a prioridade da pastoral.

São documentos que apresentam uma linha corajosa de abertura e de estímulo para os pastores que tratam de ajudar as crianças em sua fé e em sua capacidade celebrante. Não apresentam grandes novidades, mas as oferecidas são muito significativas: o próprio fato de compor

6 Celebrar a Eucaristia com crianças

novas Orações Eucarísticas com linguagem mais adequada às crianças, a possibilidade de que um leigo lhes fale à maneira de homilia (cf. DMC 24), a introdução da música gravada (cf. DMC 32), o convite a uma expressão mais corporal e visual (cf. DMC 35-36), o compromisso das Conferências de elaborarem novos Lecionários (cf. DMC 43), a faculdade de o sacerdote que preside as Missas com crianças poder modificar as orações do Missal para torná-las mais compreensíveis (cf. DMC 51) etc.

É interessante também *o título* que foi escolhido para o *Diretório*. Não se quis chamá-lo *Diretório para Missas para crianças*, ou *de crianças*, mas expressamente *com crianças*. Não *para* crianças porque daria a idéia de que a Eucaristia é celebrada apenas por um sacerdote, enquanto os demais fiéis são tão-somente assistentes ou espectadores. Não *de* crianças porque a Missa é sempre a Missa: não é de crianças nem de adultos, não tem mudanças estruturais. Já a Missa *com* crianças expressa uma concepção que se entende como fundamental: um sacerdote presidente (e outros adultos que podem participar) celebram "*com* crianças", ou seja, eles mesmos também celebram. No *Diretório* aparece mais de vinte vezes a expressão "*cum pueris*": com as crianças. DMN 28 chega a dizer "*simul Eucharistiam celebrant*": celebram juntos a Eucaristia. E isso vai na direção do que já aparece no Missal Romano (cf. IGMR 27), no qual todo o povo de Deus é convocado a celebrar...

O *Diretório* e as orações são dois documentos que valem a pena ser relidos, pois seus princípios e perspectivas continuam sendo válidos, mas infelizmente desconhecidos para alguns. São dois documentos dos mais importantes do pós-Concílio: por se referirem a um campo da pastoral tão apaixonante como é o das crianças e também pelo estilo de abertura e criatividade que transmitem.

HISTÓRIA DE UMA REFORMA ESPERANÇOSA

R. Kaczynski, que fora secretário da comissão preparatória do *Diretório* e das Orações Eucarísticas para Missas com crianças, publicou na revista *Liturgisches Jahrbuch* [Anuário litúrgico], de 1979 (n. 3, pp. 157-175), uma história completa dos passos que conduziram aos documentos. Aqui se resumem seus principais dados. Sob o comando de Dom Bugnini, verdadeiro artífice da reforma litúrgica, muitos peritos e pastores trabalharam ao longo de três ou quatro anos para a adaptação da liturgia eucarística para as crianças.

PRIMEIRA ETAPA: O *DIRETÓRIO*

a) *Em março de 1971*, sendo Dom Tabera o prefeito da Congregação para o Culto e Dom Bugnini seu secretário, começou a tarefa, com uma *circular-consulta*, que foi enviada a mais de cem comissões litúrgicas dos cinco continentes sobre o tema das Missas com crianças: a metade respondeu. Em seguida, percebeu-se que se desejava um *Diretório* para essas Missas, ao mesmo tempo que novos Lecionários e orações mais adequadas. Então nomeou-se, no começo de 1972, uma *comissão internacional*, com B. Fischer como presidente e R. Kaczynski como secretário; nela, pela primeira vez na história de semelhantes comissões, entraram duas mulheres: professora Sofia Cavalletti, da escola Montessori, e irmã Marisa Fasciani, da congregação das filhas da Igreja. Imediatamente, foi feita uma *nova consulta*, desta vez a peritos de todo o mundo (no material que lhes foi enviado estava o artigo da revista *Phase*, de 1972, sobre as Missas com crianças, de Borobio-Pedrosa, que incluía as orientações do episcopado alemão), com dezenove perguntas concretas.

b) No verão de 1972, teve lugar a *primeira reunião* oficial da Comissão (melhor dizendo, seus membros europeus, por motivos

8   *Celebrar a Eucaristia com crianças*

financeiros). Foram estudadas as respostas enviadas pelos peritos em que já apareciam as diversas tendências: necessidade de Lecionários, de Orações Eucarísticas, de adaptações. Por exemplo, já então foi decidido que os Lecionários peculiares de Missas com crianças ficariam ao encargo dos diversos episcopados. Nesse verão, foi redigido o *primeiro esboço do Diretório*, enviado a todos os membros da Comissão e a vários peritos.

c) No outono de 1972, foram reestudadas as respostas e observações do primeiro esquema, e *foi redigido o segundo*, com 56 artigos, repartidos na Comissão, a qual, por sua vez, fez observações ao texto. Em novembro foi apresentado o resultado na *reunião plenária da Congregação para o Culto*. Das dez perguntas propostas, oito foram logo aprovadas. Segundo Kaczynski, na discussão sobre o que depois viria a ser DMC 19, questionava-se de quem seria a decisão sobre as adaptações que podiam ser feitas nas Missas paroquiais com a participação de crianças. Vários entendiam que era melhor deixar essa tarefa para cada Bispo. Dom Wojtyla — o futuro João Paulo II — opinou que podia ser cada pároco quem decidisse (*"adaptatio non Episcopo, sed parocho commitenda est, dirigente Episcopo"*). Mas essa resposta não prosperou, ficando a cargo do Bispo a adaptação às crianças.

d) Em dezembro de 1972, foi feita *a terceira redação*, que foi enviada também às Congregações romanas interessadas (para a Doutrina, para o Clero, para a Propagação da Fé). Essas Congregações foram enviando suas observações: por exemplo, tanto a para a Doutrina como a para a Propagação da Fé se mostraram contrárias à introdução de *slides* e discos na liturgia das crianças. A para a Doutrina pediu que os leigos não falassem dentro da Missa, mas antes dela...

e) Em maio de 1973, foi feita *a quarta redação*. Por esse mesmo tempo, era mandada às Conferências Episcopais a famosa Carta Circular sobre as Orações Eucarísticas. Alguns episcopados já haviam feito ensaios de Orações para as Missas com crianças. No verão, o documento *foi levado ao Papa*, e Paulo VI fez por escrito suas observações. Por exemplo, que esse adendo sobre motivos de ação de graças (cf. DMC 22) fosse feito antes do prefácio; também ele se mostrava contrário aos audiovisuais, assim como também à possibilidade que se indicava de deslocar alguma vez o ato penitencial para depois da homilia... Em *22 de outubro*, o Papa aprovou o *Diretório*, ao mesmo

História de uma reforma esperançosa

tempo que encarregou de serem estudadas novas Orações Eucarísticas para essas Missas (ele mesmo, segundo soube depois Dom Bugnini, havia tentado esboçar uma). Em *novembro o texto foi publicado oficialmente*. Como naquele momento não havia Cardeal Prefeito da Congregação para o Culto, assinaram o Cardeal Secretário de Estado, Villot, e Bugnini como secretário da Congregação. Em 20 de dezembro, Austoni (suíço) apresentou à imprensa o novo *Diretório*. Com certeza, diante da pergunta sobre a possibilidade de serem utilizados *slides* e audiovisuais, respondeu que sim (e não deixou transparecer o pano de fundo contrário que houvera). Disse apenas que o *Diretório* não o proibia expressamente.

SEGUNDA ETAPA: AS NOVAS ORAÇÕES EUCARÍSTICAS

Foi criado em seguida um novo grupo de estudo, com o mesmo presidente (Fischer), secretário (Kaczynski) e vários dos membros anteriores, mas foram incorporados também novos participantes (como o francês Gelineau).

a) Foram estudados 38 *textos de Orações* redigidos em diversos idiomas e oriundos de diversos países (sete da Espanha e quinze da Áustria). Ao mesmo tempo, por desejo explícito de Bugnini, estavam sendo preparadas novas Orações para o Ano Santo de 1975, com o desejo de que estas aparecessem junto com as para crianças.

b) *Na primeira reunião* da comissão, em novembro de 1973, a maioria dos textos examinados não resistiu à prova: ficaram apenas três – dois franceses e um alemão. Os três textos passaram a um estudo mais detido e, em dezembro, foram mandados 49 peritos de todo o mundo. Nessa etapa, mostrou-se muito ativo Gelineau: é sua, por exemplo, a idéia de fragmentar o prefácio da Oração I em três blocos, com sua aclamação correspondente.

c) *A segunda reunião* foi em janeiro de 1974, com as respostas dos consultados. Os textos foram traduzidos então para o latim e enviados às diversas Congregações. Aqui, de novo, foi onde houve mais observações. Dom Hamer, da Congregação para a Doutrina, mostrou-se preocupado com a multiplicação de Orações, dada a confusão reinante:

10   *Celebrar a Eucaristia com crianças*

antes queria que se redigisse uma só para o Ano Santo e uma só para as crianças. Dom Villot, Secretário de Estado, mostrava seu desejo de que os cinco textos (três para crianças e dois para o Ano Santo) fossem apenas *ad experimentum*, sem passar ao Missal, e que as Conferências Episcopais apenas pudessem escolher uma de cada. Enquanto isso havia se tornado prefeito da Congregação Dom Knox, que resistiu a aceitar algumas das limitações de Hamer e Villot. Em junho de 1974, o Papa Paulo VI também expressou suas opiniões e houve um diálogo entre a Congregação para o Culto — que queria mais liberdade e margem de decisão para as Conferências Episcopais — e as demais, que eram mais restritivas. Por fim, foram aprovados os textos, embora na revista *Notitiae* apenas puderam ser publicadas as *Observações*, e não os textos das Orações.

d) *Os episcopados* receberam muito bem os novos textos, tanto para as Missas com crianças quanto para o Ano Santo. Em seguida, viu-se que a restrição (de que apenas podiam escolher uma de cada) não ia ser eficaz. O Cardeal Marty, de Paris, foi o primeiro a pedir as cinco Orações para a França. Bugnini intercedeu perante Villot para que todos os episcopados pudessem pedir as cinco se o desejassem (era um bom meio, dizia, para evitar a criatividade desorientada) e, além disso, que as Orações compostas e aprovadas para uma nação pudessem ser pedidas por outras. Em janeiro de 1975, já se concediam ambas as coisas. A hesitação inicial parecia superada. Segundo Kaczynski, sem a tenacidade e capacidade persuasiva de Dom Bugnini não teria sido possível conseguir quase nada...

PRIMEIRA PARTE

O *DIRETÓRIO* PARA MISSAS COM CRIANÇAS

IDÉIAS BÁSICAS, TEXTO E COMENTÁRIOS

AS IDÉIAS BÁSICAS
DO *DIRETÓRIO*

1. Vê a Eucaristia — e a educação a ela — dentro do *conjunto da vida cristã*, e não isoladamente: a partir do Batismo, e dentro de um processo de crescimento na fé e na vida eclesial, que conta com outros momentos (catequese, testemunho da caridade etc.), mas que encontra na Eucaristia um de seus sinais mais privilegiados.

2. Para esse objetivo há uma *dupla tarefa* a realizar: aproximar a Eucaristia das crianças e aproximar as crianças da Eucaristia. A primeira já está sendo realizada pela Igreja: o presente *Diretório* e a aparição das novas Orações Eucarísticas para Missas com crianças é uma prova disso, pois se quer adaptar a linguagem para as crianças. A segunda, a educação eucarística das crianças, também ganha urgência nestas páginas. Apenas a partir de uma compreensão que seja uma verdadeira iniciação poder-se-á aproveitar tudo o que a Eucaristia oferece para um cristão.

3. Essa educação eucarística é concebida como uma *iniciação*. Não tanto como uma aula ou uma catequese ou um entretenimento, mas uma iniciação na celebração (uma mistagogia gradual), feita de oração, fé, festa, alegria, louvor, canto…, de modo que aos poucos as crianças vão entrando consciente e ativamente na comunidade celebrante. Por isso, a iniciação deve ser feita a partir precisamente dos ritos e textos da Eucaristia (cf. DMC 2, 12, 13, 28…).

4. A iniciação eucarística supõe a introdução *nas grandes atitudes* que formam o conteúdo da Eucaristia e estão enumeradas em DMC 9 e 13:

a) *reunimo-nos* com outros para celebrar: o sentido da "comunidade" na celebração (cf. DMC 12, pontos "d" e "f" do comentário);

b) *escutamos* a Palavra que Deus nos dirige (cf. DMC 14 e 41-49);

c) *damos graças* e bendizemos a Deus: a atitude básica da segunda parte, a Oração Eucarística (cf. DMC 9, 13 e 52);

14 Celebrar a Eucaristia com crianças

d) *recordamos e oferecemos* o sacrifício de Cristo na cruz: a Eucaristia é o memorial da morte pascal de Cristo, e isso para todos, inclusive para as crianças: recordando... oferecemos... e nos oferecemos (as novas Orações Eucarísticas para Missas com crianças também se expressam nesse sentido). DMC 52 destaca na Oração Eucarística este aspecto de oferenda: as crianças sabem o que é oferecer, e podem passar, com a oportuna orientação, do terreno familiar e social ao eucarístico;

e) *comemos e bebemos* juntos a Eucaristia: partindo da experiência humana tão conhecida de comer festivamente com outros (cf. DMC 9), também as crianças são introduzidas na experiência cristã de serem convidadas à "mesa", na qual Cristo nos dá seu Corpo e seu Sangue (cf. DMC 53-54);

f) *despedimo-nos* assumindo um maior compromisso de vida cristã: a Eucaristia não é fim em si mesma, mas quer uma vida cristã em consonância com o Evangelho (cf. DMC 15) e que aprendamos a anunciar, em toda a nossa vida, Cristo (cf. DMC 55).

5. A meta da educação eucarística não é a Missa própria com as crianças, mas *a Missa da comunidade*: essa idéia aparece continuamente no *Diretório*. Por isso, não é preciso diferenciar em excesso a experiência das crianças do que vão celebrar ou já estão celebrando com os adultos. Inclusive convém que alguns elementos, embora não sejam ideais para sua linguagem, não sejam mudados, para que a inserção das crianças na celebração comunitária seja mais fácil. Elas não devem entender a Eucaristia como algo próprio da idade infantil ou escolar.

6. Junto com a iniciação na Eucaristia, devem ir assimilando sua pertença progressiva na *vida da Igreja*, na comunidade (cf. DMC 12 e seu comentário). No fundo, é o convite para entrar na comunidade de Jesus Ressuscitado: dentro dela, sem seu ambiente, é onde tem pleno sentido escutar a Palavra e celebrar a fraternidade e o dom eucarístico de Cristo.

7. Nota-se uma preocupação com a *adaptação psicológica* das crianças em toda a iniciação e celebração eucarística com elas. Uma adaptação que será progressiva e que abarcará tanto o ambiente (mais amável, acolhedor, próximo, festivo) quanto a pessoa do presidente (cf. DMC 23); tanto a facilitação da linguagem nas orações (cf. DMC

As idéias básicas do Diretório   *15*

50-52) quanto a valorização do audiovisual (cf. DMC 33-36)... Essa adaptação psicológica algumas vezes suporá uma simplificação de elementos (reduzir leituras, omitir algum rito de entrada etc.); outras vezes buscará uma participação mais ativa (na homilia, nas aclamações, nos ministérios)...

8. Mas o *Diretório* insiste em um princípio: a atividade exterior não deve fazer esquecer que o principal é *a participação interior*: assim repetem uma e outra vez DMC 22, 26, 29, 32, 37, 55... É importante que as crianças se sintam na verdade "celebrantes": há um sacerdote que celebra não "*para* elas", mas sim "*com* elas", como continuamente afirma o *Diretório*. As crianças, a seu modo, são as protagonistas da celebração. Não é que se preparem para celebrar o dia de amanhã, mas já escutam, louvam, cantam, oferecem e comem. Já dão sua resposta de fé na comunidade; já celebram o Dom de Deus.

INTRODUÇÃO

1. A Igreja deve, de modo especial, cuidar das crianças batizadas, cuja iniciação deve ainda ser completada pelos sacramentos da Confirmação e da Eucaristia, bem como das recém-admitidas à sagrada comunhão. Hoje, as circunstâncias em que se desenvolvem as crianças pouco favorecem o seu progresso espiritual.[1] Além disso, os pais, com freqüência, deixam de cumprir as obrigações da educação cristã, contraídas no Batismo de seus filhos.

---

[1] Cf. SAGRADA CONGREGAÇÃO PARA O CLERO, *Diretório Catequético Geral*, n. 5: AAS 64 (1972), pp. 101-102.

---

1. Dever da Igreja: cuidar das crianças

A primeira afirmação do *Diretório* é o dever da comunidade cristã de cuidar das crianças nascidas em seu seio e que foram batizadas. O Batismo é o começo de todo um processo de crescimento na fé. Fala-se de dois tipos de crianças: a) dos batizados que ainda não receberam a Confirmação e a Eucaristia; b) e dos que já foram admitidos pela primeira vez na Eucaristia, mas que devem continuar crescendo em e aprofundando sua fé.

Em primeiro lugar, cabe sim aos pais, à família cristã, cuidar do amadurecimento de seus filhos na fé, como afirmará mais detalhadamente DMC 10. Mas os pais com freqüência "deixam de cumprir as obrigações da educação cristã de seus filhos". Por isso, a comunidade cristã aparece como protagonista dessa responsabilidade. Principalmente quando percebemos que "as circunstâncias em que se desenvolvem as crianças pouco favorecem o seu progresso espiritual": o mundo secularizado de hoje faz das crianças vítimas fáceis de sua confusão de valores (cf. *Diretório Catequético Geral*, 1972, n. 5).

18 Celebrar a Eucaristia com crianças

2. Quanto à formação das crianças na Igreja, surge uma dificuldade especial pelo fato de as celebrações litúrgicas, principalmente as eucarísticas, não poderem exercer nelas sua força pedagógica inata.[2] Embora já seja lícito, na Missa, fazer uso da língua materna, contudo as palavras e os sinais não estão suficientemente adaptados à capacidade das crianças.

Na realidade, as crianças, em sua vida cotidiana, nem sempre compreendem tudo o que experimentam na convivência com os adultos, sem que isso lhes ocasione algum tédio. Por esse motivo, não se pode pretender que na liturgia todos e cada um de seus elementos lhes sejam compreensíveis. Poder-se-ia, entretanto, causar às crianças um dano espiritual se, repetidamente e durante anos, elas não compreendessem quase nada das celebrações; pois recentemente a psicologia

---

[2] Cf. CONCÍLIO VATICANO II, Constituição sobre a Sagrada Liturgia, *Sacrosanctum Concilium*, n. 33.

O compromisso de anunciar e comunicar a salvação a todos inclui também a tarefa da Igreja para com as crianças: também elas necessitam da salvação. E por isso o *Diretório* quer oferecer uma ajuda válida para sua iniciação ao culto cristão: o culto é precisamente o melhor ambiente em que podem experimentar a salvação de Deus que nos chegou em Cristo e que celebramos em comunidade.

2. Dificuldade: a liturgia não foi pensada para as crianças

Não é fácil iniciar as crianças na liturgia. "Surge uma dificuldade especial": as celebrações cristãs foram pensadas para os adultos. Sua estrutura, seus sinais e a linguagem em seus textos não são de fácil compreensão para as crianças e, por isso, "não podem exercer nelas sua força pedagógica inata", da qual já falou SC 33. Claramente se afirma que "as palavras e os sinais não estão suficientemente adaptados à capacidade das crianças".

Aqui é lembrado um interessante princípio de psicologia: para as crianças *não é a inteligência a chave primordial* de aproximação às

Introdução   19

moderna comprovou quão profundamente podem as crianças viver a experiência religiosa, desde sua primeira infância, graças à especial inclinação religiosa de que gozam.[3] **3.** A Igreja, seguindo o seu Mestre, que, "abraçando... abençoava" os pequeninos (cf. Mc 10,16), não pode abandonar as crianças nessa situação, entregues a si mesmas. Por esse motivo, imediatamente após o Concílio Vaticano II, que já na Constituição sobre a Sagrada Liturgia falara sobre a necessidade de uma adaptação da liturgia para os diversos grupos,[4]

---

[3] Cf. Sagrada Congregação Para o Clero, *Diretório Catequético Geral*, n. 78: AAS 64 (1972), pp. 146-147.

[4] Cf. Concílio Vaticano II, Constituição sobre a Sagrada Liturgia, *Sacrosanctum Concilium*, n. 38; cf. também a Sagrada Congregação para o Culto Divino, Instrução *Actio Pastoralis*, de 15 de maio de 1969: AAS 61 (1969), pp. 806-811.

---

coisas ou aos valores. Nem na vida entendem tudo o que acontece (irão captando gradativamente), nem na liturgia faz falta como condição prévia que tudo lhes seja inteligível.

Contudo, isso não pode ser uma desculpa para que a comunidade cristã as deixe sem sua ajuda. É muito importante a experiência religiosa nos anos da infância: marca-lhes para toda a vida. Seria um "dano espiritual" não serem iniciadas convenientemente na dinâmica da fé e na celebração cristã de um modo adequado à sua psicologia e idade. A "teologia" é para os adultos. Mas a "fé" é para todos, inclusive para as crianças. A reflexão mais madura lhes chegará a seu tempo (cf. *Diretório Catequético Geral*, n. 78).

3-4. A preocupação pelas crianças no pós-Concílio

Reafirma-se antes de tudo a obrigação da Igreja: é necessário ajudar as crianças nessa experiência inicial e progressiva do que é a celebração cristã. Não se pode deixá-las abandonadas. Elas também são Igreja.

Desta vez se coloca Cristo como modelo, que acolhia e abençoava as crianças.

20 Celebrar a Eucaristia com crianças

sobretudo no primeiro Sínodo dos Bispos, realizado em Roma no ano de 1967, começou a considerar, com maior empenho, como as crianças poderiam participar mais facilmente da liturgia. Naquela ocasião, o presidente do Conselho Executor da Constituição sobre a Sagrada Liturgia, usando de palavras bem claras, disse que não se tratava, na verdade, de "elaborar um rito inteiramente especial, mas de consertar, abreviar ou

Em relação a documentos mais ou menos oficiais — além do campo de numerosas experiências particulares —, são nomeados nos números 3-4 *alguns marcos fundamentais*. A lista poderia ser ampliada.

a) O *Concílio* deu a tarefa da adaptação no terreno litúrgico, embora não se tenha feito alusão explícita às crianças: é necessário promover a participação ativa dos fiéis "conforme sua idade, condição e grau de cultura religiosa" (SC 19), sem pretender uma "rígida uniformidade" na liturgia (cf. SC 37), mas com "variações e adaptações legítimas aos diversos grupos" (SC 38).

b) No *primeiro Sínodo* dos Bispos, em 1967, já se falou explicitamente da participação das crianças na liturgia; as palavras aqui citadas são do Cardeal Lercaro, Presidente na ocasião do *Consilium*: o critério não é criar algo totalmente novo, mas uma adaptação pedagógica, que depois será especificada no *Diretório* em várias tarefas concretas. (*Notitiae* 3 [1967], p. 368).

c) O *episcopado francês* publicou, em 1968, algumas orientações sobre o tema.

d) Em 1969, apareceu o *novo Missal Romano*, o qual, embora não tratasse explicitamente da adaptação no caso das crianças, assentava também os princípios a partir dos quais se podia e devia trabalhar (cf. IGMR 18, 21, 352...).

e) Também em 1969 apareceu a Instrução *Actio Pastoralis*, sobre a Eucaristia e sua adaptação a pequenos grupos.

f) Em 1970, foi o *episcopado alemão* quem deu diretrizes sobre a celebração com crianças: *Gottesdienst mit Kinder* [Celebração com crianças]; anterior ao *Diretório*, e em parte assumido por este, o documento

Introdução 21

omitir alguns elementos, ou de selecionar alguns textos mais adequados".[5]

4. Depois que a *Instrução Geral sobre o Missal Romano* restaurado, publicada em 1969, tudo resolveu para a celebração eucarística com o povo, esta Congregação, após considerar os freqüentes pedidos provenientes de todo o orbe católico, começou a preparar um *Diretório* próprio para as Missas com crianças como suplemento desta *Instrução*, com a colaboração de homens e mulheres peritos de quase todas as nações.

5. Este *Diretório*, bem como a *Instrução Geral*, reservou certas adaptações às Conferências Episcopais ou a cada Bispo em particular.[6]

As próprias Conferências devem propor à Sé Apostólica, para que sejam introduzidas com seu consentimento, conforme artigo 40 da Constituição sobre a Sagrada Liturgia, as

---

[5] Cf. A liturgia no primeiro Sínodo dos Bispos: *Notitiae* 3 (1967), p. 368.

[6] Cf. a seguir os números 19, 23 e 33.

---

alemão é em certos aspectos mais aberto, mais sensível à psicologia infantil e mais criativo. A Igreja alemã continuou preocupada com o tema, por exemplo no Sínodo de 1975 (cf. ALDAZÁBAL, J. La Eucaristía con niños y jóvenes según el Sínodo Alemán de 1975: *Misión Joven* 3 [1977], pp. 41-46).

g) E, por fim, "como complemento da *Instrução Geral sobre o Missal Romano*", apareceu este *Diretório em 1973*: sua história já resumimos.

Tudo isso nos convence de que a Igreja — talvez pela primeira vez em sua história — levou a sério a adaptação da liturgia eucarística para as crianças.

5. Mais adaptações locais

O princípio de descentralização e de adaptação cultural tem aqui uma aplicação concreta: no tema das Missas com crianças, deixa-se a princípio uma margem de criatividade para as Conferências Episcopais e

22 Celebrar a Eucaristia com crianças

adaptações que julgarem necessárias à Missa com crianças segundo seu parecer, visto que elas não podem constar de diretório geral. **6.** O *Diretório* visa às crianças que ainda não atingiram a idade chamada de pré-adolescência. De per si, não se refere às crianças com impedimentos físicos ou mentais, posto que para elas se requer geralmente uma adaptação mais profunda;[7] contudo, as normas seguintes se podem aplicar também a elas, com as devidas acomodações.

---

[7] Cf. Ordinário da Missa com crianças surdas-mudas da região de língua alemã, do dia 26 de junho de 1970, aprovado ou confirmado por esta Congregação (Prot. n. 1548/70).

---

para cada Bispo, segundo o espírito de SC 40. O DMC não pode prever tudo, e voluntariamente se manteve em diretrizes gerais que devem ser concretizadas.

Isso supõe que cada episcopado leve em consideração para seu território essa matéria e a traduza em normas e pistas mais concretas. Os números 19, 32, 33, 43 e outros falarão mais detalhadamente dessa tarefa descentralizada. Alguns episcopados já o fizeram: às vezes com flexibilidade, captando as intuições mais corajosas do DMC, outros com um certo medo e espírito restritivo (cf. por exemplo, para as orientações italianas, PATERNOSTER, M. Messa con i fanciulli; del Direttorio agli adattamenti CEI e di altri Episcopati. *Riv. Liturg.* 1 [1977], pp. 98-129).

6. *A quais crianças o DMC se refere*

A terminologia que foi escolhida aqui é a de crianças "que ainda não atingiram a idade chamada de pré-adolescência", o que permite uma margem não muito restrita. São mencionadas as crianças com deficiências mentais ou físicas: elas requerem uma adaptação ainda maior e estão sendo objeto de vários estudos e publicações específicas. Uma iniciativa que o *Diretório* cita em nota é a que se tomou na Alemanha, já em 1970, quando foi publicado um *Ordo Missae*, aprovado por Roma, adaptado às crianças surdas-mudas.

Introdução 23

7. No primeiro capítulo do *Diretório* (nn. 8-15), estabelece-se como que o fundamento, onde se discorre sobre o variado encaminhamento das crianças para a liturgia eucarística; o outro capítulo trata brevemente do caso de Missas com adultos (nn. 16 e 17) das quais as crianças também participam; finalmente, o terceiro capítulo (nn. 20-54) versa mais pormenorizadamente sobre as Missas com crianças, das quais somente participam uns poucos adultos.

---

7. *O esquema do* Diretório

O presente documento consta de duas partes mais breves e uma mais desenvolvida:

— capítulo I: fundamento; o que significa e como se orienta a iniciação das crianças à Eucaristia;

— capítulo II: as Missas de adultos em que as crianças também participam;

— capítulo III: Missas com crianças em que adultos também participam.

CAPÍTULO I
EDUCAÇÃO DAS CRIANÇAS PARA A CELEBRAÇÃO EUCARÍSTICA

8. Como não se pode cogitar em uma vida plenamente cristã sem a participação nas ações litúrgicas, em que, reunidos, os fiéis celebram o mistério pascal, a iniciação religiosa das crianças não pode ficar alheia a essa finalidade.[1] A Igreja, ao batizar as crianças e confiante nos dons inerentes a esse sacramento, deve cuidar que os batizados cresçam em comunhão com Cristo e seus irmãos, cujo sinal e penhor é a participação da

---

[1] Cf. Concílio Vaticano II, Constituição sobre a Sagrada Liturgia, *Sacrosanctum Concilium*, nn. 14, 19.

---

8. *A celebração litúrgica dentro da vida cristã*

Um dos possíveis defeitos da atenção à liturgia é separá-la do resto dos aspectos da vida cristã (cf. SC 14 e 19).

Este número se relaciona claramente com a educação litúrgica da criança:

— com *a "vida plenamente cristã"*: dentro dela faz sentido que sejamos convocados a participar da celebração; também no caso das crianças é uma chave importante;

— com *o Batismo*, que é a raiz de toda a vida de fé e de todos os dons de graça recebidos por um cristão;

— com o amor de *comunhão com Cristo e com os irmãos*, do qual a Eucaristia é sinal e dom;

26 Celebrar a Eucaristia com crianças

mesa eucarística, para a qual as crianças serão preparadas ou em cuja significação mais profundamente introduzidas. Essa formação litúrgica e eucarística não pode desvincular-se de sua educação geral tanto humana quanto cristã; e até seria nocivo se a formação litúrgica carecesse de tal fundamento. **9.** Portanto, os que têm a seu cargo a educação das crianças devem envidar todos os esforços para conseguirem tal empenho, a fim de que elas, embora já conscientes de um certo sentido de Deus e das coisas divinas, experimentem, segundo a idade e o progresso pessoal, os valores humanos inseridos na celebração eucarística, tais como: ação comunitária, aco-

— com a *educação geral humana e cristã*; separar a formação litúrgica desta outra mais global seria "prejudicial".

A finalidade, portanto, de toda formação litúrgica, também no caso das crianças, não é algo que se encerra em algumas celebrações mais ou menos realizadas, mas é a "vida plenamente cristã". A celebração litúrgica é, desse modo, um dos momentos privilegiados dentro dessa visão global, e a ela é necessário dedicar especial atenção.

9. Os valores humanos na formação eucarística

É interessante destacar essa exigência antropológica na formação litúrgica: o que celebramos não está tão distante da linguagem humana e social. Mais ainda: sem um certo exercício e formação humana, dificilmente pode ter sentido pleno que na liturgia usemos alguns sinais, gestos, movimentos e ações que têm sua origem na conduta humana.

Os "valores humanos" aqui enumerados como subjacentes na celebração eucarística são:

— o saber fazer (celebrar) algo *em comum* com outros,

— a ação do *cumprimento*,

— a capacidade de *escutar*,

— a atitude de pedir e dar o *perdão*,

— a expressão de *agradecimento* a quem nos fez o bem,

I — Educação das crianças para a celebração eucarística 27

lhimento, capacidade de ouvir, bem como a de pedir e dar perdão, ação de graça, percepção das ações simbólicas, da convivência fraterna e da celebração festiva.[2] É próprio da catequese eucarística, conforme o número 12, atualizar tais valores humanos de tal modo que as crianças gradativamente abram o espírito, segundo sua idade, condições psicológicas e sociais, para perceber os valores cristãos e celebrar o mistério do Cristo.[3]

---

[2] Cf. SAGRADA CONGREGAÇÃO PARA O CLERO, *Diretório Catequético Geral*, n. 25: AAS 64 (1972), p. 114.

[3] Cf. CONCÍLIO VATICANO II, Declaração sobre a Educação Cristã, *Gravissimum Educationis*, n. 2.

— a linguagem dos *símbolos*,

— o *comer* fraternalmente *com outros*,

— a experiência de uma celebração *festiva* (cf. *Diretório Catequético Geral*, n. 25).

Tudo o que for feito — no seio familiar ou catequético ou escolar — para fomentar nas crianças essas atitudes positivas irá preparando-as e introduzindo-as em uma celebração eucarística saudável e ativa. Naturalmente, a Eucaristia é algo mais que tudo isso. Não se reduzem seus valores a saber cumprimentar ou celebrar ou comer juntos. Na Eucaristia há um salto qualitativo aos valores cristãos, que se centram na "celebração do Mistério de Cristo". E para esses valores específicos é necessário conduzi-las. Mas a linguagem com a qual celebrarão é o que fica indicado nessa série de valores humanos.

A educação integral não pode ser apenas "sobrenatural" (descuidando os aspectos antropológicos), nem meramente "natural" (como se a Eucaristia fosse como qualquer outra reunião ou festa humana) (cf. *Gravissimum Educationis*, n. 2).

Mais adiante, no DMC 3, será detalhado o modo de ajudar a desenvolver essas atitudes básicas com celebrações pedagógicas à parte.

28 Celebrar a Eucaristia com crianças

10. A família cristã desempenha papel principal na transmissão desses valores humanos e cristãos.[4] Por esse motivo, a formação cristã, que se oferece aos pais ou a outras pessoas encarregadas da educação, deve ser bem aprimorada também levando-se em conta a formação litúrgica das crianças. Pela consciência do dever livremente aceito no Batismo de seus filhos, os pais são obrigados a ensinar-lhes gradativamente a orar, rezando diariamente com eles e procurando fazer com que rezem sozinhos.[5] Se as crianças, assim preparadas desde

---

[4] Cf. ibid., n. 3.

[5] Cf. SAGRADA CONGREGAÇÃO PARA O CLERO, *Diretório Catequético Geral*, n. 78: AAS 64 (1972), p. 147.

---

10. *Os agentes dessa educação:*

Os números 10-12 enumeram os vários agentes que devem guiar as crianças na iniciação nestes valores humanos e cristãos.

a) A família cristã

Como a criança aprende a conhecer Deus, Cristo, a Igreja? Como é iniciada na oração e na celebração? Sim, a comunidade cristã, a sociedade, a escola, são agentes importantíssimos, mas, antes de tudo, o é a própria família (cf. *Gravissimum Educationis*, n. 3).

Aqui se afirma essa perspectiva invocando de novo o Batismo como sinal radical do início da fé; para alguns pais cristãos, pedir esse sacramento para seu filho é um compromisso de que o educarão na fé, de que o apoiarão no caminho começado nesse dia, para chegar a poder dizer seu "sim" a Deus a partir de sua plena consciência e liberdade.

Muito antes de a criança dispor do uso da razão, já está aprendendo ou não aprendendo quais serão os valores fundamentais em sua vida.

Uma família de vida saudável, que educa na liberdade e ao mesmo tempo no apreço dos valores, que ajuda a assimilar uma linguagem simbólica e ritual nos jogos, nas festas compartilhadas, na alegria de uma refeição familiar: essa família, do ponto de vista psicológico,

I — *Educação das crianças para a celebração eucarística* 29

tenra idade, participam da Missa com a família, todas as vezes que o desejarem, mais facilmente começarão a cantar e a rezar na comunidade litúrgica e até, de alguma maneira, poderão pressentir o mistério eucarístico.

Encontrando-se os pais arrefecidos na fé, se assim mesmo desejarem a instrução cristã dos filhos, pelo menos que eles sejam convidados a partilhar com as crianças dos valores humanos acima referidos e, dada a ocasião, a tomar parte tanto nas reuniões de pais como nas celebrações não eucarísticas que se fazem com as crianças.

---

mas também cristão, é a melhor iniciação exterior à vida litúrgico-eucarística.

E o mesmo acontece na dimensão mais especificamente cristã da educação. A idéia de Deus dada a uma criança por seus pais será a que ela instintivamente assimilará (um Deus policial... Deus máquina... Deus distante... Deus Pai...). Os primeiros mestres de oração são os próprios pais: pais que não apenas a mandam rezar, ir à Missa ou cumprir seus deveres, mas também oram com ela, vão à Missa com ela, dão-lhe exemplo eles mesmos de todas as virtudes que querem infundir em seu filho (amor à verdade, honradez, justiça, educação...).

Se ao ir dormir insistem em lembrar-lhe que reze, mas eles — os pais ou irmãos mais velhos — nunca rezam com ela, a criança chegará logo à conclusão de que rezar é coisa de criança.

Quem tiver rezado e celebrado com sua família em casa não encontrará dificuldades para passar à outra grande celebração cristã: a Eucaristia. Como nas demais esferas da vida, a comunidade familiar é a mediação primordial de valores para uma criança.

Mais ainda: esse número do DMC lembra a conveniência de que, já antes da primeira participação oficial na Eucaristia, as crianças sejam convidadas a comparecer com seus pais à Missa, para ir se integrando aos poucos na oração e no canto comum, e ir se iniciando no mistério eucarístico da comunidade cristã.

30
Celebrar a Eucaristia com crianças

11. Ademais, as comunidades cristãs, a que pertence cada uma das famílias ou em que vivem as crianças, têm um dever a cumprir para com as crianças batizadas na Igreja.

A comunidade cristã, apresentando o testemunho do Evangelho, vivendo a caridade fraterna, celebrando ativamente os mistérios do Cristo, é ótima escola de instrução cristã e litúrgica para as crianças que nela vivem.

No seio da comunidade cristã, os padrinhos ou qualquer pessoa zelosa que colabora na educação cristã, movida pelo ardor apostólico, pode proporcionar às famílias um grande auxílio para catequizar devidamente as crianças.

Se uma família não estiver em condições para essa tarefa educadora cristã, pede-se a ela que saiba infundir nos filhos os valores humanos dos quais falava o número anterior.

E, finalmente, é interessante a conclusão realista que percorre todo o número: será necessário dedicar uma séria atenção à *formação permanente dos pais*. Se eles devem ser os educadores natos de seus filhos nos valores cristãos — e aqui especificamente os da celebração —, será preciso formá-los também, para que saibam enfocar devidamente a vida de oração em família e na comunidade. Tudo o que for feito para ir enriquecendo a vida de fé dos pais repercutirá na de seus filhos.

11. b) *A comunidade cristã*

Não apenas a família da criança: também a comunidade cristã tem obrigações para com ela. Ela é "escola de instrução cristã e litúrgica" por seu testemunho do Evangelho, pela caridade fraterna que mostra, por seus momentos de celebração do mistério cristão.

A tríplice missão da Igreja (evangelizar, celebrar, servir) aparece assim como o clima no qual as crianças, intuitiva e vitalmente, se iniciam e amadurecem na fé.

c) *Diversos agentes dentro da comunidade*

Dentro da comunidade cristã se destacam algumas pessoas ou instituições que prestam um "grande auxílio" às famílias:

I — *Educação das crianças para a celebração eucarística* 31

Particularmente os jardins-de-infância, as escolas católicas, bem como vários outros grupos de crianças se prestam para estes mesmos fins.

12. Embora a própria liturgia, por si mesma, já ofereça às crianças amplo ensinamento,[6] a catequese da Missa merece um lugar de destaque dentro da instrução catequética, tanto

---

[6] Cf. Concílio Vaticano II, Constituição sobre a Sagrada Liturgia, *Sacrosanctum Concilium*, n. 33.

— os *padrinhos*: os do Batismo, que, se for possível, são também da Confirmação;

— os *catequistas* e animadores da comunidade;

— as instituições pré-escolares e as *escolas* católicas;

— os vários *grupos ou associações* nos quais as crianças se integrem.

O acesso das crianças à fé cristã e sua celebração é uma experiência pessoal: a inserção em um espaço — familiar, escolar, comunitário — no qual vão assimilando, como por osmose, o que significa ser cristão e celebrar como tal.

12. Catequese especial sobre a Eucaristia

Além dos "agentes" enumerados, o DMC enfatiza aqui a necessidade de uma catequese sistemática que tenha por objeto a Eucaristia.

a) É interessante começar afirmando que *a própria celebração* tem uma "força didática" (cf. SC 33): celebrando (bem) a Eucaristia vamos entrando aos poucos em sua dinâmica; nós a compreendemos a partir da experiência que fazemos dela, e a melhor compreensão faz com que por sua vez a celebração vá ganhando em qualidade.

b) A catequese eucarística *não deve ser isolada*, por exemplo "para preparar a primeira comunhão", mas incluída "dentro da instrução catequética, tanto escolar como paroquial", na qual se deve conceder "a devida importância" à catequese sobre a Missa (cf. Instrução *Eucharisticum Mysterium*, 1967, n. 14; *Diretório Catequético Geral*,

32   *Celebrar a Eucaristia com crianças*

escolar como paroquial,[7] conduzindo-as a uma participação ativa, consciente e genuína.[8] Esta catequese, "bem adaptada à idade e à capacidade das crianças, deve tender a que conheçam a significação da Missa por meio dos ritos principais e das

---

[7] Cf. SAGRADA CONGREGAÇÃO DOS RITOS, Instrução *Eucharisticum Mysterium*, 25 de maio de 1967, n. 14: AAS 59 (1967), p. 550.

[8] Cf. SAGRADA CONGREGAÇÃO PARA O CLERO, *Diretório Catequético Geral*, n. 25: AAS 64 (1972), p. 114.

---

n. 25). Infelizmente, em não poucas programações catequéticas está completamente ausente a iniciação à celebração cristã.

c) Essa catequese deve *iniciar as crianças à Eucaristia*, "tender a que conheçam a significação da Missa", e isso "por meio dos ritos principais e das orações". É uma catequese que não é apenas instrução ou explicação, mas "iniciação". Iniciar é algo mais que instruir: é ajudar a chegar, a entrar; é fomentar a relação pessoal com Deus; experimentar a fé, a comunhão, as atitudes básicas da celebração. Por isso, é muito acertado o critério de que se faça precisamente a partir dos ritos e orações da mesma celebração.

d) Mas essa iniciação eucarística *não pode ir separada da iniciação eclesial*: "tender a que conheçam a significação... [da] participação na vida da Igreja". Desde pequenas, as crianças devem compreender que Cristo nos chama a cada um, mas não sozinhos, e sim em comunidade. E a Igreja é compreendida e experimentada precisamente no ambiente celebrante. Assim, vai assimilando o valor das "mediações" humanas também no campo de sua vida de fé, assim como as experimentam nos outros campos de sua vida familiar, social ou escolar. Eucaristia e Igreja não podem se separar, nem mesmo nesta etapa de iniciação.

e) Particularmente se indica desde já (coisa que depois será especificada no DMC 52) que a *Oração Eucarística*, a oração central da celebração, merece atenção catequética especial.

I — Educação das crianças para a celebração eucarística

33

orações, inclusive o que diz respeito à participação da vida da Igreja";[9] isso se refere, principalmente, aos textos da própria Oração Eucarística e às aclamações, por meio das quais as crianças dela participam. Digna de especial menção é a catequese pela qual as crianças são preparadas para a primeira comunhão. Nessa preparação deverão aprender não só as verdades de fé sobre a Eucaristia, mas também como poderão nela participar ativamente com o povo de Deus, plenamente inseridas no Corpo de Cristo, tomando parte na mesa do Senhor e na comunidade dos irmãos, depois de serem preparadas pela Penitência de acordo com a sua capacidade.

---

[9] Cf. SAGRADA CONGREGAÇÃO DOS RITOS, Instrução *Eucharisticum Mysterium*, 25 de maio de 1967, n. 14: AAS 59 (1967), p. 550; cf. também SAGRADA CONGREGAÇÃO PARA O CLERO, *Diretório Catequético Geral*, n. 57: AAS 64 (1972), p. 131.

f) E uma última referência à catequese que precede imediatamente *à primeira comunhão.* Não se trata apenas de que compreendam o que é a Eucaristia, mas que tenham uma visão geral da vida cristã: o que é pertencer ao "Corpo de Cristo", a Igreja, porque a primeira comunhão é a primeira vez que as crianças vão "participar ativamente com o povo de Deus, plenamente inseridas no Corpo de Cristo", ou seja, simultaneamente "na mesa do Senhor e na comunidade dos irmãos". De novo aparecem unidos, no horizonte da primeira comunhão, os dois grandes valores da Eucaristia e da Igreja. E dentro desse programa global de vida de fé, afirma-se também aqui brevemente o que significa o fato de as crianças já celebrarem o sacramento da *Reconciliação,* em estreita relação com sua participação na Eucaristia.

34 — Celebrar a Eucaristia com crianças

13. Celebrações de várias espécies também podem desempenhar um papel na formação litúrgica das crianças e em sua preparação para a vida litúrgica da Igreja. Por força da própria celebração, as crianças percebem, mais facilmente, certos elementos litúrgicos, como a saudação, o silêncio, o louvor comunitário, sobretudo se for cantado. Cuide-se, todavia, que essas celebrações não se revistam de uma índole demasiadamente didática.

---

13. *Celebrações monográficas*

No encaminhamento das crianças à Eucaristia, além da catequese sistemática, são citadas aqui celebrações que podemos chamar de monográficas: celebrações mais informais, nas quais as crianças são iniciadas nas atitudes básicas para celebrar convenientemente a Eucaristia. Algumas delas já foram destacadas por DMC 9:

— o sentido da *saudação*: por exemplo, a saudação por parte do presidente e a resposta da assembléia; mas também outras saudações mútuas;

— o *silêncio* como parte de uma celebração, para que seja possível uma interiorização do celebrado, dentro de um ritmo pausado e sereno: também as crianças sabem apreciar e aproveitar, se forem bem orientadas, o valor do silêncio (que necessariamente terá que ser breve);

— o *louvor comum*: a atitude fundamental da "Eucaristia = ação de graças"; louvor que espontaneamente se converterá em *canto* em muitos momentos;

— mas em seguida (cf. DMC 14) se falará da outra grande atitude a que também deveriam ser iniciadas em celebrações adequadas: a escuta da *Palavra de Deus*.

Trata-se de celebrações que não têm um tom meramente didático, mas de algum modo já são cultuais, oracionais, facilitadoras da passagem à verdadeira celebração litúrgica. Também aqui se afirma que esses momentos, "por força da própria celebração", são muito eficazes para a educação da fé cristã.

I — Educação das crianças para a celebração eucarística 35

14. A Palavra de Deus deve ocupar cada vez mais um lugar de destaque nessas celebrações, sempre adaptadas à capacidade das crianças. E ainda mais, segundo a capacidade espiritual, mais freqüentemente façam-se com elas as sagradas celebrações propriamente ditas da Palavra de Deus, principalmente no Tempo do Advento e da Quaresma.[10] Essas celebrações, junto às crianças, podem favorecer em grande escala o interesse pela Palavra de Deus.

---

[10] Cf. Concílio Vaticano II, Constituição sobre a Sagrada Liturgia, *Sacrosanctum Concilium*, n. 35,4.

---

14. *O apreço pela Palavra de Deus*

Um dos valores primordiais nos quais as crianças devem ser iniciadas é o apreço pela Palavra de Deus. Esse foi um aspecto valorizado notoriamente na atual espiritualidade da Igreja pós-conciliar. Os novos Lecionários, a reestruturação da primeira parte da Eucaristia, a homilia decididamente fortalecida, a importância da Palavra em todos os sacramentos: tudo são sinais de uma prioridade que se quer dar à Palavra revelada de Deus em nossa vida e em nossa celebração.

Na Eucaristia, celebrar bem a Palavra já é uma primeira "comunhão" com Jesus Cristo. "O próprio Cristo, por sua palavra, se acha presente no meio dos fiéis" (IGMR 55).

Mais adiante (cf. DMC 41ss) serão dadas normas mais precisas para que também dentro da celebração se chegue a uma valorização concreta da Palavra. Aqui se fala dessa dimensão no contexto de celebrações pedagógicas especiais, nas quais fica bem claro — e experimentado — o que é para um cristão escutar, meditar, acolher a Palavra que Deus lhe dirige. Aconselham-se "celebrações da Palavra", sobretudo no Advento e Quaresma (cf. SC 35,4).

15. Toda formação litúrgico-eucarística, feitas as devidas ressalvas, deve ser sempre orientada para que a vida das crianças corresponda cada vez mais ao Evangelho.

15. *A vida cristã, meta final*

De novo se reafirma um conceito que já havia sido expresso antes: o objetivo último da "formação litúrgico-eucarística" não é a Eucaristia em si mesma, como momento isolado, embora importante, mas toda a vida cristã, para que "corresponda cada vez mais ao Evangelho".

É interessante essa contínua alusão a que a liturgia não se separe das demais esferas da vida. DMC 8 já apresentava como ponto de vista a "vida plenamente cristã" e que a formação litúrgica "não pode desvincular-se de sua educação geral tanto humana quanto cristã". Em DMC 11, propunha-se claramente como modelo e ambiente uma Igreja que celebra, sim, ativamente, mas também que apresenta "o testemunho do Evangelho" e que vive "a caridade fraterna". E em DMC 12 relaciona-va-se a iniciação à "significação da Missa" com a da "participação da vida da Igreja". Portanto, as crianças são chamadas a tomar parte ativa na Eucaristia, mas "como povo de Deus, na comunidade dos irmãos".

CAPÍTULO II
MISSAS DE ADULTOS, DAS QUAIS TAMBÉM AS CRIANÇAS PARTICIPAM

16. Em muitos lugares, principalmente aos domingos e nos dias de festas, celebram-se Missas paroquiais de que não poucas crianças participam juntamente com grande número de adultos. Nestas ocasiões, o testemunho dos fiéis adultos pode ter grande efeito junto a elas. Mas também eles recebem um proveito espiritual ao perceber, em tais celebrações, o papel que as crianças desempenham na comunidade cristã. Se nestas Missas participam as crianças junto com seus pais e outros parentes, fomenta-se grandemente o espírito cristão da família.

---

16. *As Missas paroquiais*

Nas Missas dominicais de uma paróquia é dupla a influência benéfica:

os adultos, com sua participação ativa, são um exemplo vivente para as crianças: às vezes as crianças olham mais a cara e o comportamento dos adultos que o altar; vendo estes últimos, elas instintivamente percebem se é ou não importante o que se está celebrando;

as crianças, com sua presença também ativa, são um motivo de alegria e estímulo para os adultos.

O ideal é uma Eucaristia na qual participam as famílias cristãs, adultos e crianças, escutando todos a mesma Palavra, orando e cantando juntos, participando da Mesa do Senhor.

38   Celebrar a Eucaristia com crianças

As próprias criancinhas, que não podem ou não querem participar da Missa, podem ser apresentadas ao final da mesma para receber a bênção juntamente com a comunidade, depois que, por exemplo, algumas pessoas auxiliares da paróquia as tenham entretido durante a Missa, em lugar separado. **17.** Entretanto, nas Missas desse gênero, deve-se precaver cuidadosamente para que as crianças não se sintam esquecidas em virtude da incapacidade de participar de e entender aquilo que se realiza e proclama na celebração. Leve-se, pois, em consideração sua presença, por exemplo, dirigindo-se a elas com certas monições apropriadas no começo e no final da Missa, em alguma parte da homilia etc.

O caso das *crianças muito pequenas* é tratado à parte: podem ser entretidas em outro lugar durante a Missa e receber a bênção no final junto com os demais. O sacerdote presidente poderia deixar isso bem claro. No transcurso da celebração, seriam atendidas, por exemplo, em uma creche paroquial próxima e com certa relação (ao menos visual) com a comunidade que celebra.

17. *Levar em conta a presença das crianças*

Para que essas Missas paroquiais sejam verdadeiramente educativas da fé para as crianças e as ajudem a ir entrando na dinâmica da Eucaristia, são sugeridas aqui duas direções:

a) que *a elas se dê atenção* nas monições e na homilia; também se falará mais tarde, no DMC 18, de diversos ministérios que podem ser atribuídos a elas; seria bom que — se não ficarem com sua família — fosse reservado a elas um lugar mais próximo, para que vejam e acompanhem com mais facilidade;

b) que elas pudessem ter *a primeira parte* da celebração — a Palavra — *à parte*, em um lugar próximo, para depois se incorporarem a todos para a segunda, a partir da preparação das oferendas.

A celebração separadamente deve evitar que se torne obscura *a unidade das duas partes* da Eucaristia. Recomenda-se que todos comecem

II — *Missas de adultos, das quais também as crianças participam*   *39*

Mais ainda, de vez em quando, se o permitirem as circunstâncias do lugar e das pessoas, pode ser conveniente celebrar com as crianças a Liturgia da Palavra com sua homilia, em lugar separado, mas não distante demais, e, logo ao iniciar-se a liturgia Eucarística, sejam reunidas aos adultos, no lugar onde estes celebraram a Liturgia da Palavra. **18.** Pode ser de grande utilidade confiar às crianças alguns ofícios nestas Missas, como, por exemplo, levar as oferendas, executar um ou dois cantos da Missa.

---

em comum (o canto, a saudação, o ato penitencial, a oração) e se separem para o começo das leituras, com a oportuna pausa para que todos estejam em condição de escutá-las. A ida e a volta das crianças deve ser ordenada e motivada tanto a elas mesmas, quanto aos adultos, destacando a finalidade única que move a todos: levar a sério, cada um a seu modo, a Palavra que Deus nos dirige.

Essa celebração especial da primeira parte da Missa com as crianças requer, evidentemente, mais trabalho e a presença de animadores, leigos ou não, que saibam interagir com as crianças. Não são momentos para "entreter" melhor as crianças, mas, na verdade, para "celebrar" segundo sua capacidade, com alegria, e ao mesmo tempo com seriedade, a Palavra de Deus que também as interpela. No DMC 41ss serão indicadas as adaptações que podem ser feitas a respeito da celebração da Palavra.

18. *Ministérios confiados às crianças*

Há certos ministérios que em uma Missa paroquial não convém confiar às crianças. Ler a Palavra de Deus, recitar as petições da oração universal e distribuir a Eucaristia são serviços que devem ser confiados a adultos ou jovens bem preparados. As crianças não deveriam ser consideradas nessas Missas paroquiais como "animadoras ou dirigentes", mas como participantes (é diferente nas Missas em que elas são praticamente as únicas que participam).

---

19. Algumas vezes, se são muitas as crianças que participam dessas Missas, convirá organizá-las da forma mais adequada a elas. Nesse caso, a homilia será dirigida a elas, porém em forma que seja também proveitosa para os adultos. Além das adaptações previstas no Ordinário da Missa, podem-se introduzir nas Missas para adultos, com a participação também das crianças, algumas das que se indicarão no capítulo seguinte, se o Bispo permitir.

Mas há ministérios que parecem coerentes com a participação das crianças; aqui se enumeram dois:

— trazer as oferendas ao altar, na preparação das oferendas,

— executar alguns cantos: não seria o caso de um Salmo Responsorial, que deve ser de todos, ou do Santo, mas sim, por exemplo, que durante a procissão das oferendas, ou durante a comunhão, ou depois desta, elas entoem um canto.

Não se trata de entretê-las mais, ou de "fazer bonito", mas de dar a imagem mais familiar e completa de uma comunidade celebrante, levando em conta a natureza de cada ministério e a maneira de ser de cada um dos participantes.

19. *Missas paroquiais mais adaptadas a crianças*

Em uma das Missas dominicais, embora não seja de crianças, pode ser proporcionado um ambiente mais adaptado a elas. Isso não entraria ainda no que será o caso do capítulo III (Missas em que a maioria são crianças), mas se pode fazer nessas Missas comunitárias uma adaptação maior que aquela dos números anteriores.

Assim, todos saberão, por exemplo, que a Missa das dez é a que de modo particular vai levar em conta as crianças. As monições, a homilia, os cantos etc. serão pensados especialmente para elas, sem que por isso os adultos se achem totalmente alheios. Outras adaptações são deixadas a critério do Bispo (por exemplo, a seleção de leituras, de orações e, sobretudo, da Oração Eucarística, ou seja, as adaptações que o capítulo III vai propor para Missas próprias com crianças). Tudo isso, diz este número, quando "são muitas as crianças que participam dessas Missas".

CAPÍTULO III
MISSAS COM CRIANÇAS, DAS QUAIS SOMENTE ALGUNS ADULTOS PARTICIPAM

20. Além das Missas em que tomam parte as crianças junto com seus pais e alguns familiares, e que nem sempre e nem em qualquer lugar podem ser realizadas, recomendam-se, sobretudo durante a semana, celebrações de Missas somente com crianças, com a participação apenas de alguns adultos. Desde o início da restauração litúrgica,[1] viu-se a necessidade de adaptações especiais para essas Missas, de que se falará logo abaixo e de forma geral (nn. 38-54).

21. Deve-se ter sempre diante dos olhos que tais celebrações eucarísticas devem encaminhar as crianças para as Missas de adultos, principalmente para a Missa dominical, que

---

[1] Cf. acima, n. 3.

---

20. *Missas com crianças durante a semana*

Entrando já nas "Missas com crianças", ou seja, nas quais elas são maioria, embora haja alguns adultos, primeiramente se afirma que aconteçam não tanto no domingo — isso seria o caso de DMC 19 — mas sobretudo durante a semana. Já o havia dito DMC 3, e volta-se a dizer agora: essas Missas terão maior margem de adaptação, o que vai descrever o *Diretório* a partir de agora.

21. *O objetivo final: a Eucaristia da comunidade*

Antes de entrar nas diretrizes concretas da adaptação, quer-se deixar bem fundamentado este princípio: o ideal é a Missa com crianças. Esta

42 Celebrar a Eucaristia com crianças

reúne toda a comunidade cristã.[2] Portanto, afora as adaptações necessárias por causa da idade dos participantes, não se pode chegar a ritos completamente especiais que demasiadamente difiram do Ordinário da Missa celebrada com o povo.[3] A finalidade de cada um dos elementos deve corresponder ao que se determina sobre eles na *Instrução Geral sobre o Missal Romano*, ainda que alguma vez, por razões pastorais, não se possa conservar sua igualdade absoluta.

---

[2] Cf. CONCÍLIO VATICANO II, Constituição sobre a Sagrada Liturgia, *Sacrosanctum Concilium*, nn. 42 e 106.

[3] Cf. A Liturgia no primeiro Sínodo dos Bispos: *Notitiae* 3 (1967), p. 368.

---

se considera útil, necessária, mas por pedagogia, e com certo caráter provisório. Porque as Missas de adultos, tal como normalmente são celebradas, "não podem exercer toda a sua força" educadora com elas. Mas o objetivo final é que vá iniciando-as na Eucaristia tão-somente, a Eucaristia da comunidade cristã, na qual elas também são acolhidas e atendidas.

É conveniente que desde o início as crianças saibam e sintam que a Eucaristia é "coisa de adulto", que não se identifica com sua idade infantil ou com o período escolar e catequético, mas que é a celebração central de todos os cristãos, sobretudo no domingo (cf. SC 42 e 106).

Por isso, desde já aparece um critério que depois será mais explicitado: a Missa com crianças deve ser muito diferente da comunitária (cf. o comentário a DMC 3).

Aqui, portanto, se aponta uma dupla pedagogia: por um lado, as Missas de grupo para elas, e, por outro, a referência contínua e também a experiência da Missa de todos. As duas dimensões são complementares.

III — *Missas com crianças, das quais somente alguns adultos participam* 43

OFÍCIOS E MINISTÉRIOS DA CELEBRAÇÃO

22. Os princípios da participação ativa e consciente valem, de certa maneira, *a fortiori*, se as Missas são celebradas com crianças. Portanto, tudo se faça para fomentar e tornar mais viva e profunda essa participação. Para esse fim, confiem-se ao maior número de crianças ofícios especiais na celebração, tais como: preparar o lugar e o altar (cf. n. 29), assumir o ofício de cantar (cf. n. 24), cantar no coral, tocar algum instrumento musical (cf. n. 32), proclamar as leituras (cf. nn. 24 e 47), responder durante a homilia (cf. n. 48), recitar as intenções da prece dos fiéis, levar as oferendas para o altar, e outras ações semelhantes segundo os costumes dos diversos povos (cf. n. 34).

---

22. *Ministérios confiados às crianças*

Se nas Missas com os adultos já se falava de alguns ministérios que as crianças podiam desempenhar — não muitos —, aqui nas Missas próprias com elas considera-se mais coerente que realizem outros mais.

Indicam-se rapidamente alguns deles, que mais tarde serão detalhados:

— preparar o local e o altar,

— cantar,

— tocar instrumentos musicais,

— proclamar as leituras (aqui sim algumas delas, bem preparadas, podem ler a Palavra),

— dialogar na homilia, se o presidente o promover,

— recitar as intenções da oração universal,

— levar as oferendas na preparação das oferendas,

— e outras funções similares.

Mas o mais importante deste número é *a diferenciação que se estabelece entre o "ministério" e a "participação".*

44   *Celebrar a Eucaristia com crianças*

Certas adições podem favorecer, algumas vezes, a participação, como: explicar as motivações para a ação de graças antes que o sacerdote inicie o diálogo do Prefácio. Em tudo isso leve-se em conta que as ações externas podem tornar-se infrutuosas e até chegar a ser nocivas se não favorecerem a participação interna das crianças. Por isso, o sagrado silêncio também tem sua importância nas Missas com crianças (cf. n. 37). Atenda-se, com grande cuidado, para que as crianças não se esqueçam de que todas essas formas de participação têm seu ponto mais alto na comunhão eucarística, na qual o Corpo e o Sangue de Cristo são recebidos como alimento espiritual.[4]

---

[4]   Cf. *Instrução Geral sobre o Missal Romano*, n. 80.

Todos são chamados à *participação*, inclusive as crianças, e em todo momento. Participar é escutar, ver, atender, sintonizar com o que se celebra, orar, cantar, comungar, ou seja, celebrar.

Enquanto os *ministérios* — "intervir, atuar" — não podem ser realizados por todos em todo momento. Na leitura, por exemplo, um a proclama — ou seja, intervém com um ministério concreto —,e todos a escutam, ou seja, participam e celebram.

Todas as crianças devem chegar a uma "participação ativa e consciente", e se deve procurar que "essa participação [se torne] mais viva e profunda". O que importa é a "participação interna" que "alcança o seu ponto mais alto na comunhão eucarística" (IGMR 13 e 85). Essa é a finalidade última.

Para tornar mais acessível essa preparação, são sugeridos os meios:

— distribuir mais os ministérios entre elas: a intervenção de mais pessoas ajuda a intensificar a participação;

— empregar alguns complementos, como o que sugere explicitar as "motivações para a ação de graças" antes do Prefácio;

III — Missas com crianças, das quais somente alguns adultos participam **45**

23. O sacerdote que celebra a Missa com as crianças esmere-se de todo o coração para fazer uma celebração festiva, fraterna e meditativa;[5] pois, mais que nas Missas com adultos, estas disposições dependem da forma de celebrar do sacerdote, de sua preparação pessoal e mesmo de sua forma de atuar e de falar. Sobretudo, atenda à dignidade, clareza e simplicidade dos gestos. Ao falar às crianças, procurará expressar-se de tal maneira que o entendam facilmente, evitando, porém, expressões demasiadamente pueris.

As monições facultativas[6] hão de conduzir as crianças a uma participação litúrgica autêntica e não se tornem explicações meramente didáticas.

Para mover os corações das crianças, ajudará muito se o sacerdote empregar suas palavras nas monições, por exemplo, do ato penitencial, antes da oração sobre as oferendas, do Pai-nosso, ao dar a paz, ou ao distribuir a comunhão.

---

[5] Cf. abaixo, n. 37.
[6] Cf. _Instrução Geral sobre o Missal Romano_, n. 31.

— proporcionar momentos de silêncio, breves e densos, que dêem à celebração um tom mais sereno e interiorizado (DMC 37 voltará a falar sobre o silêncio).

O aviso de que "as ações externas podem tornar-se infrutuosas e até chegar a ser nocivas se não favorecerem a participação interna das crianças" é oportuno principalmente para essas Missas em que se convida a "intervir" com cantos, instrumentos, ministérios etc.

23. _O presidente das Missas com crianças_

O sacerdote que preside uma Missa com crianças deve ter algumas qualidades especiais e alguns princípios de psicologia pastoral:

— deve ter um modo digno, claro e simples de atuar e de falar;

— deve criar um clima de festa, fraternidade e meditação;

— deve usar uma linguagem inteligível,

46 *Celebrar a Eucaristia com crianças*

24. Como a Eucaristia é sempre uma ação de toda a comunidade eclesial, convém que participem da Missa também alguns adultos, não como vigias, senão orando com as crianças e para prestar-lhes a ajuda que seja necessária.

Nada impede que um dos adultos que participam da Missa com as crianças lhes dirija a palavra após o Evangelho, com a aprovação do pároco ou do reitor da Igreja, sobretudo se ao sacerdote se torna difícil adaptar-se à mentalidade das crianças.

— e deve adaptar as *monições*, que já o Missal Romano (cf. IGMR 31) convida a adaptar à assembléia concreta: com elas deverá ir conduzindo as crianças "a uma participação ativa", não tanto como explicações didáticas que dariam um tom escolar à celebração, mas sugerindo amável e persuasivamente as atitudes justas em cada momento, como as monições enumeradas no último parágrafo.

Para isso o sacerdote não necessita adotar "expressões demasiadamente pueris". Uma coisa é que as crianças o entendam e outra que fale como elas falam.

Aqui se emprega uma expressão que está muito em consonância com a linguagem de todo o *Diretório*: "o sacerdote que celebra a Missa com as crianças". Não é ele o único que celebra, como se rezasse a Missa "para as crianças". Seguindo a concepção de IGMR 27 ("o povo de Deus é convocado ... para celebrar o Memorial do Senhor"), aqui as crianças são chamadas continuamente também de "celebrantes". Naturalmente, sob a presidência de um sacerdote que faz as vezes de Cristo.

24. *Os adultos nas Missas com crianças*

O ideal não é que em uma Missa haja só crianças. A presença de alguns adultos que também celebram com elas, que "co-participam"

III — Missas com crianças, das quais somente alguns adultos participam **47**

Sigam-se, neste assunto, as normas da Sagrada Congregação para o Clero. Também nas Missas para as crianças deve-se fomentar a diversidade de ministérios, a fim de que a celebração evidencie sua índole comunitária.[7] Os leitores e os cantores, por exemplo, podem ser escolhidos dentre as crianças ou os adultos. Desta sorte, pela variedade de vozes, evitar-se-á também a monotonia.

---

[7] Cf. Concílio Vaticano II, Constituição sobre a Sagrada Liturgia, *Sacrosanctum Concilium*, n. 28.

(em latim se diz *tanquam comprecantes*, como co-orantes), pode dar à celebração uma imagem muito mais eclesial.

Seria bom, também, que os vários ministérios fossem atribuídos às crianças ou aos adultos. Uma sugestão corajosa (é talvez a única nesse sentido nos últimos documentos): um desses adultos pode, com a permissão do reitor da igreja, dirigir a homilia às crianças, caso saiba usar uma linguagem mais adequada à mentalidade delas. Por certo que essas "normas da Sagrada Congregação para o Clero", que deveriam ser seguidas, não se sabe bem se já apareceram alguma vez.

O motivo que se indica no final (que essa "variedade de vozes" evitará a monotonia) parece pobre: busca-se criar a convicção de que a Eucaristia é de todos, ou seja, promover uma adequada imagem da Igreja celebrante, não encerrada em um grupo ou em uma idade, mas aberta e universal: "a Eucaristia é sempre uma ação de toda a comunidade eclesial", como se diz no princípio desse mesmo número, ou como se repete depois: "a fim de que a celebração evidencie sua índole comunitária" (cf. SC 28).

LUGAR E TEMPO DA CELEBRAÇÃO

25. A igreja é o lugar principal para a celebração eucarística com as crianças, porém, escolha-se nela um lugar à parte, se for possível, no qual as crianças, segundo o seu número, possam atuar com liberdade, de acordo com as exigências de uma liturgia viva e adequada à sua idade.

Se a igreja não corresponde a essas exigências, será preferível celebrar a Eucaristia com as crianças em outro lugar que seja digno e apto para a celebração.[8]

26. Para as Missas com as crianças, escolha-se o dia e a hora mais convenientes, segundo as circunstâncias em que vivem, de modo que estejam nas melhores condições para executar a Palavra de Deus e para celebrar a Eucaristia.

---

[8] Cf. *Instrução Geral sobre o Missal Romano*, n. 288.

---

25. *O lugar da celebração*

O objetivo é sempre favorecer a participação mais ativa e proveitosa. Por isso, relativiza-se um pouco a importância que possa ter o lugar da celebração (IGMR 288 já havia feito isso). A igreja continua sendo o local privilegiado: o ambiente "sagrado" pode também ajudar psicologicamente a criar um clima celebrativo. Mas dentro dela, se for grande, deverá ser escolhido o espaço mais adequado ao número de participantes ou aos movimentos que se pretendem fazer. Se isso não bastar, escolhe-se outro lugar digno, que seja apto para a celebração.

26. *O momento mais adequado do dia*

Na hora de escolher o momento do dia para essa celebração, estabelece-se sempre o mesmo critério pastoral: o que em seu horário favoreça mais a participação atenta das crianças na celebração.

III — Missas com crianças, das quais somente alguns adultos participam 49

27. Durante a semana, as crianças podem participar com maior fruto e menor risco de aborrecimento na celebração da Missa, se não se celebra todos os dias (por exemplo, nos internatos); além disso, havendo mais tempo entre uma celebração e outra, pode-se preparar melhor. Nos demais dias, é preferível uma oração em comum, em que as crianças podem participar com mais espontaneidade, ou uma meditação comunitária, ou uma celebração da Palavra de Deus que prolongue as celebrações eucarísticas anteriores e prepare a celebrar mais profundamente as seguintes.

28. Quando é muito grande o número das crianças que celebram juntas a Eucaristia, torna-se mais difícil uma participação atenta e consciente. Por isso, podem-se estabelecer vários grupos, não estritamente segundo a idade, mas levando-se em conta seu nível de formação religiosa e sua preparação catequética.

---

27. *Freqüência ou periodicidade dessas Missas*

Todos lembramos os tempos em que em nossas instituições escolares era obrigatória a Missa diária para os alunos. Faz tempo que se deu lugar a uma maior flexibilidade. Aqui se estabelece um critério para decidir a periodicidade dessas Missas (durante a semana) com crianças: um ritmo que permita celebrar "com maior fruto" e "prepará-la melhor". Portanto, não diariamente, mas de modo que haja "mais tempo [que de um dia] entre uma celebração e outra".

O que se sugere é que não basta saber organizar a Eucaristia com as crianças. Uma "oração em comum", mais informal, que lhes permita uma intervenção mais espontânea, ou um espaço de meditação ou celebração da Palavra de Deus podem ser meios muito válidos para expressar e fomentar sua vida de fé.

28. *Grupos não muito numerosos*

É melhor que não se celebre a Missa em grupos muito grandes (todo o colégio, ou um período inteiro). Aconselha-se a formar grupos me-

50 Celebrar a Eucaristia com crianças

Durante a semana, será oportuno convidar os diversos grupos, em dias distintos, para a celebração do sacrifício da Missa.

PREPARAÇÃO DA CELEBRAÇÃO

29. Toda celebração eucarística com crianças, principalmente no que se refere às orações, cantos, leituras e intenção da parte dos fiéis, deve ser preparada a tempo e com diligência, em diálogo com os adultos e com as crianças que vão exercer algum ministério na celebração. Convém dar às crianças uma participação direta na preparação e ornamentação, tanto do lugar da celebração como dos objetos necessários, tais como o cálice, a patena, as galhetas etc. Tudo isso contribui, ademais, para fomentar o sentido comunitário da celebração, sem, contudo, dispensar uma justa participação interna.

---

nores, com critérios pastorais e pedagógicos mais que etários, alternando os vários grupos em diferentes dias da semana. Também aqui se emprega claramente a "nova" terminologia: "as crianças que celebram juntas a Eucaristia" (*simul Eucharistiam celebrant*).

29. *Preparar bem essas celebrações*

Por um lado, pede-se que estas Missas sejam bem preparadas, sobretudo nos aspectos mencionados (orações, cantos, leituras e intenções) e em outros que poderiam ser mencionados (as aclamações da Oração Eucarística, o modo de realizar o ato penitencial e o abraço da paz, a disposição no momento de comungar, os gestos simbólicos...).

Por outro lado, que elas mesmas, as crianças, verdadeiras protagonistas, contribuam nessa preparação (o lugar e sua ornamentação, a preparação do pão e do vinho etc.). Seria interessante que algumas crianças participassem da escolha de leituras e do ato penitencial etc.

III — *Missas com crianças, das quais somente alguns adultos participam* 51

MÚSICA E CANTO

30. O canto, de grande importância em todas as celebrações, se-lo-á mais ainda nas Missas celebradas com as crianças, dado seu peculiar gosto pela música. Portanto, deve-se fomentá-lo de toda forma,[9] levando-se em conta a índole de cada povo e as aptidões das crianças presentes.

Sempre que possível, as aclamações, especialmente as que pertencem à Oração Eucarística, de preferência sejam cantadas pelas crianças; caso contrário, sejam recitadas.

---

[9] Cf. *Instrução Geral sobre o Missal Romano*, n. 40.

---

30. *Importância do canto*

Em toda celebração cristã, o canto tem um papel importante, "mais ainda nas Missas celebradas com as crianças" (cf. IGMR 40). Sugerindo uma "hierarquia" de elementos que é preciso cantar nessas Missas, aparece aqui a *prioridade das aclamações: principalmente as da Oração Eucarística.*

Mas há outras aclamações ou intervenções breves ao longo da Missa: a saudação e demais diálogos com o presidente, as respostas ao ato penitencial ou à oração universal, a aclamação do Aleluia antes do evangelho...

Portanto, deu-se preferência aos cantos breves que podem ser chamados ou comparados às aclamações, as quais sempre serão mais autênticas quando cantadas do que quando simplesmente recitadas.

Será necessário cuidar, portanto, do repertório e enriquecê-lo. Além das respostas e cantos que normalmente a comunidade canta e que também as crianças acabam assimilando, estas últimas devem aprender a melodia das aclamações mais próprias e outros cantos de qualidade (letra e melodia), sem tampouco cair no infantilismo. Esses cantos devem ser de fácil compreensão, mas nem por isso infantis.

52   Celebrar a Eucaristia com crianças

31. Para facilitar a participação das crianças no canto do Glória, Creio, Santo e Cordeiro de Deus, é lícito adotar as composições musicais apropriadas com versões populares aceitas pela autoridade competente, ainda que literalmente não estejam de acordo com o texto litúrgico.[10]

---

[10] Cf. SAGRADA CONGREGAÇÃO DOS RITOS, Instrução *Musicam Sacram*, 5 de março de 1967, n. 55: AAS 59 (1967), p. 316.

---

31. Os cantos do Comum da Missa

Os cantos mais longos, como são os do Comum (Glória, Creio, Santo e Cordeiro de Deus), recebem aqui uma maior flexibilidade nas Missas com crianças: podem ser utilizados, com a oportuna aprovação, textos que sejam afins aos originais do Missal, embora não coincidam exatamente (cf. *Musicam Sacram*, 1967, n. 55).

Assim, o *Creio* — quando tiver que ser dito — poderá ser feito, antes de tudo, com o texto breve e, além disso, como um responsório ou uma ladainha; o *Glória* em outra forma também mais simplificada; o *Santo* é também substituível por outra aclamação (única ou repetida) que tenha na verdade sua própria função (louvor entusiasta ao Pai); o *Cordeiro de Deus* não deve ser difícil, por sua forma de ladainha, mas também admitiria, no meu entender, uma alternância com outros cantos que expressem o desejo e o compromisso da fraternidade, já que o gesto da fração do pão — que acompanha esse canto — tem, segundo o Missal Romano, o sentido de fraternidade e unidade.

Portanto, é um princípio de flexibilidade relativa, que sempre quer favorecer este objetivo: não apenas cantar ou não um texto, mas buscar eficácia dentro da dinâmica da celebração, respeitando os gêneros literários de cada um desses cantos e sua finalidade concreta em um momento determinado.

III — Missas com crianças, das quais somente alguns adultos participam 53

32. Também nas Missas com crianças, "os instrumentos musicais podem ser de grande utilidade"[11] principalmente se tocados pelas próprias crianças. Eles contribuem para sustentar o canto ou para nutrir a meditação das crianças; ao mesmo tempo exprimem, à sua maneira, a alegria festiva e o louvor de Deus.

---

[11] Cf. ibid., n. 62: AAS 59 (1967), p. 318.

---

32. Os instrumentos musicais

As vantagens da música instrumental (cf. *Musicam Sacram*, n. 62), sobretudo se executada pelas próprias crianças, são evidentes:

— às vezes acompanha e sustenta o canto da comunidade,

— outras, cria um clima de parada e meditação,

— ou então cria uma atmosfera de festa e alegria

— e expressa o louvor a Deus.

Sempre que o DMC fala dessas atuações externas das crianças, lembra que não se devem criar obstáculos para o principal: a participação interna. DMC 22 e 29 já diziam isso, e aqui volta a ser dito: "que a música não predomine sobre o canto, ou sirva mais de distração que de edificação para as crianças".

Mas também aqui o número lembra outro critério muito importante: "é preciso que corresponda à necessidade de cada momento em que se faz uso da música durante a Missa".

Um hino como o Glória, ou uma aclamação como o Amém, ou uma ladainha como a oração dos fiéis, ou um canto de meditação como o Salmo Responsorial, ou um canto de acompanhamento como o Cordeiro de Deus ou o canto de comunhão: cada um tem sua própria razão de ser ao longo da celebração. Não é bom, por exemplo, que todos recitem tudo de um Salmo Responsorial, mas sim que respondam (por isso se chama "responsorial") a um solista que recita ou canta as estrofes.

54 — Celebrar a Eucaristia com crianças

Sempre se deve tomar cuidado para que a música não predomine sobre o canto, ou sirva mais de distração que de edificação para as crianças; é preciso que corresponda à necessidade de cada momento em que se faz uso da música durante a Missa.

Com as mesmas cautelas, com a devida seriedade e peculiar prudência, a música reproduzida por meios técnicos também pode ser adotada nas Missas com crianças, conforme as normas estabelecidas pelas Conferências Episcopais.

Uma última sugestão desse número: "a música reproduzida por meios técnicos" (em latim *musica technice effecta*) tem também lugar nessas celebrações. Tradicionalmente, viu-se com certa reserva esse tipo de música, porque parecia convidar os participantes à passividade, "substituindo-os" em algo que deve ser canto e oração deles. Mas aqui ela é admitida, embora com discrição. A discrição, aqui, significa nem mais nem menos o que antes já havia sido afirmado: que cada momento tem seu significado diferente na celebração. A música reproduzida por meios técnicos não pode substituir uma aclamação da comunidade (um Santo, um Aleluia, um Amém, uma Profissão de Fé). Mas pode-se sonorizar o ambiente em determinados momentos, por exemplo, no começo da celebração, durante a comunhão — se se preferir reservar o canto para depois — ou durante a preparação das oferendas.

Se, por exemplo, se proclamou no evangelho uma parábola, que foi meditada, comentada etc., e logo depois da comunhão, em um momento de pausa absoluta, se quiser escutar a gravação dessa mesma parábola, para que ressoe, agora já a partir da Eucaristia celebrada, acredito que seja um recurso pedagógico e coerente com a linha da celebração.

OS GESTOS

33. É necessário, nas Missas com crianças, fomentar com diligência sua participação por meio dos gestos e das atitudes corporais, segundo sua idade e os costumes locais. Isso é recomendado pela própria natureza da liturgia, como ação de toda a pessoa humana, e também pela psicologia infantil. Têm grande importância não só as atitudes e os gestos do sacerdote,[12] senão também, e mais ainda, a forma de se comportar de todo o grupo de crianças.

---

[12] Cf. acima, n. 23.

---

33. *Os gestos e posturas do corpo*

Dois são os motivos que se alegam para destacar a importância da linguagem gestual nessas Missas:

a) a natureza da *liturgia*, que é "ação de toda pessoa humana" e não apenas da inteligência ou da vontade: a liturgia, por sua própria natureza, usa os sinais e os gestos simbólicos;

b) a *psicologia* das crianças que, mais que outros, sabem e necessitam se expressar com gestos e movimentos; para elas o gesto não é tanto um meio de expressão "para fora" (manifestar para outros seus sentimentos), mas muito mais "para dentro": elas mesmas o dizem, ou sentem-se "ditas" e expressas quando fazem um gesto.

Na celebração eucarística há uma série de gestos e ações simbólicas:

— alguns da parte do *presidente* (cf. também DMC 23): sua veste, sua postura de braços erguidos, seu sinal de bênção, sua genuflexão, a imposição das mãos, a fração do pão...

— outros de toda a *assembléia*: as posturas diversas, o gesto da paz, as caminhadas ou procissões...

56
Celebrar a Eucaristia com crianças

Se a Conferência Episcopal adapta à índole de cada povo, segundo a norma da *Instrução Geral sobre o Missal Romano*, os gestos que são feitos na Missa,[13] que leve em conta também a situação especial das crianças ou determine as adaptações feitas só para elas.

---

[13] Cf. *Instrução Geral sobre o Missal Romano*, n. 43.

Se é sempre necessário fazer esses gestos com expressividade, mais ainda nas Missas com crianças: quando são bem feitos, não fazem falta muitas palavras para explicar seu significado, e têm em si mesmos força pedagógica para introduzir no mistério que se celebra e nas atitudes internas que querem expressar e realizar.

É bom que no final se indique a possibilidade de uma *maior criatividade*, em cada região, quanto a esses gestos e símbolos. Já o havia sugerido IGMR 43: as Conferências Episcopais podem fazer tais modificações a) para suas comunidades, e nesse caso deverão "levar em conta" também a existência das crianças; ou b) podem pensar especificamente nas Missas com crianças e determinar as linhas dessa adaptação para elas. Foi isso que os documentos anteriormente citados (cf. DMC 3-4), sobretudo da Alemanha e da França, fizeram em suas regiões.

O corpo também fala. É preciso explicar às crianças os gestos e sinais clássicos da celebração cristã: por exemplo, o que significa a fração do pão ou o próprio fato de utilizar o pão e o vinho, ou os gestos com as mãos ou as posturas corporais. Além daqueles que elas podem considerar mais convenientes (elevar as mãos ao céu durante o Pai-nosso, ou acompanhar com palmas um canto alegre e ritmado...), devem conhecer os que formam o patrimônio geral e tradicional da liturgia cristã.

III — Missas com crianças, das quais somente alguns adultos participam 57

34. Entre os gestos, merecem menção especial as procissões e outras ações que implicam a participação do corpo. A entrada processional do sacerdote junto com as crianças pode ser útil para fazê-las sentir melhor o vínculo de comunhão que então se estabelece;[14] a participação, ao menos de algumas crianças, na procissão do Evangelho torna mais significativa a presença de Cristo que proclama a palavra a seu povo; a procissão das crianças com o cálice e as oferendas expressa melhor o sentido da preparação das oferendas; a procissão da comunhão, bem organizada, ajudará a aumentar a piedade das crianças.

---

[14] Cf. acima, n. 24.

---

34. *O movimento nessas celebrações*

Dos gestos, esse número destaca os que comportam um movimento:

— a *entrada processional* das crianças com o presidente realça o caráter de comunidade eclesial que se dirige para celebrar a Eucaristia (cf. IGMR 24);

— a *procissão do evangelho*, da qual podem participar também algumas crianças, destaca a importância e a honra que se quer dar a essa proclamação como Palavra de Cristo;

— a *procissão das oferendas* na preparação das oferendas: não apenas com o pão e o vinho, que são os elementos principais, mas também, se for conveniente, com outros símbolos discretos que expressem a oferenda da vida inteira das crianças ao Senhor;

— e finalmente a *procissão para a comunhão*: é muito melhor que as crianças saiam de seus lugares e dirijam-se até o altar do Senhor — à "mesa", como este *Diretório* chama normalmente o altar — para receber o Corpo e o Sangue do Senhor.

ELEMENTOS VISUAIS

35. A própria liturgia da Missa contém muitos elementos visuais a que se deve dar grande importância nas celebrações para crianças. Merecem especial menção certos elementos visuais próprios dos diversos tempos do ano litúrgico, por exemplo: a adoração da cruz, o círio pascal, as velas na festa da Apresentação do Senhor, a variação de cores e ornamentações litúrgicas.

Além desses elementos visuais próprios da celebração e de seu ambiente, introduzam-se, oportunamente, outros que ajudem as crianças a contemplar as maravilhas de Deus na criação e na redenção e sustentem visualmente sua oração. Nunca a liturgia deverá aparecer como algo árido e somente intelectual.

---

35. A importância do visual

A linguagem da liturgia afeta todos os sentidos, embora ultimamente prevaleça mais a audição (palavra proclamada e escutada). Aqui se fala dos elementos óticos, alguns deles já incluídos na liturgia porque inerentes à ação ou ao lugar da celebração.

Ao longo do ano litúrgico há momentos em que fazemos ou utilizamos sinais e símbolos como os que este número lembra (e poderia ter enumerado mais). Além disso, existem as cores, os ornamentos (e poderia lembrar as flores, as luzes e velas, os espaços, o ambão, os livros litúrgicos...). Mas também anima a que sejam introduzidos outros mais, que mediante a visão sustentem a oração. As crianças respondem melhor a essa linguagem dos sinais e símbolos do que às simples palavras.

O princípio com o qual termina esse número é instrutivo: "nunca a liturgia deverá aparecer como algo árido e somente intelectual". Corremos o perigo de construir algumas celebrações muito cerebrais e pouco expressivas e festivas.

III — Missas com crianças, das quais somente alguns adultos participam 59

36. Por essa mesma razão, pode ser útil o emprego de imagens preparadas pelas próprias crianças, como, por exemplo, para ilustrar a homilia, as intenções da prece dos fiéis ou para inspirar a meditação.

---

36. *Criatividade visual: as imagens*

Eis aqui outro exemplo dessa pedagogia visual: algumas imagens que podem ser preparadas pelas crianças, para destacar as idéias da homilia, a mensagem central das leituras, as intenções que foram preparadas para a oração dos fiéis, ou para ambientar meditativamente uma celebração.

Aqui se esperaria que também fosse citado um recurso que no campo da catequese ou da pedagogia adquiriu muito destaque: *a projeção de imagens.* O *Diretório*, depois de uma explícita reflexão por parte de seus preparadores, não quis nem recomendar nem proibir tais meios pedagógicos (cf. o que se disse na introdução, ao falar da história do *Diretório*), o que deixa campo livre a que em cada região se determine mais detalhadamente seu uso. Alguns episcopados — como o italiano — os excluem explicitamente.

Mas não há necessidade de exagerar a reserva em relação aos audiovisuais. Certamente, podem ser mal empregados, de tal maneira que a celebração se desvirtue e se converta em algo que não deve ser. Mas também podem ser muito bem utilizados, com discrição e bom senso, para destacar atitudes e idéias, desde que mantenham o caráter oracional da celebração. A pedagogia gráfica dos retábulos, imagens e vitrais poderia nos fazer refletir sobre a expressividade que se quis dar desde antigamente a nossos lugares de culto. Por que não se poderia ressaltar, por exemplo, a parábola do bom samaritano com algumas imagens de Madre Teresa de Calcutá?

A princípio não se vê por que se devesse prescindir desses auxílios audiovisuais. Devem ser poucos, isso sim, de modo que a celebração não consista fundamentalmente neles, nem que "substituam" a celebração da Palavra, mas que a apóiem e a tornem mais expressiva.

O SILÊNCIO

37. Também nas Missas com crianças, "oportunamente, como parte da celebração, deve-se observar o silêncio sagrado",[15] para que não se atribua parte excessiva à atividade externa; pois as crianças também, a seu modo, são realmente capazes de fazer meditação. Contudo, necessitam ser guiadas convenientemente a fim de que aprendam, de acordo com os diversos momentos (por exemplo, depois da comunhão[16] e depois da homilia), a concentrar-se em si mesmas, meditar brevemente, ou a louvar e rezar a Deus em seu coração.[17]

---

[15] *Instrução Geral sobre o Missal Romano*, n. 45.

[16] Cf. Sagrada Congregação dos Ritos, Instrução *Eucharisticum Mysterium*, de 25 de maio de 1967, n. 38: AAS 59 (1967), p. 562.

[17] Cf. *Instrução Geral sobre o Missal Romano*, n. 45.

---

37. *O silêncio*

Da celebração quase totalmente silenciosa de antes, passamos a uma totalmente "falada", sem espaços de pausa interiorizada, apesar do que IGMR 45 diz, valorizando o silêncio em seus momentos oportunos. Também convém às crianças, para dar profundidade e serenidade à sua celebração, que saibam fazer momentos de silêncio.

Depois de uma leitura, ou da homilia, ou da comunhão, há um breve momento de silêncio, para poder ir acostumando-as a experimentar que a celebração cristã não é uma sucessão mecânica de palavras e ações, mas quer provocar um "eco" à Palavra escutada, uma reflexão proveitosa e densa, um silêncio "absoluto" depois da comunhão... Tudo isso deve ajudá-las a "concentrar-se em si mesmas, meditar brevemente, ou a louvar e rezar a Deus em seu coração". Será necessário ajudá-las a "preencher esse silêncio", mas não é impossível; e é altamente educativo para elas.

III — Missas com crianças, das quais somente alguns adultos participam   *61*

Além disso, deve-se procurar — precisamente com mais cuidado que nas Missas com adultos — que os textos litúrgicos sejam proclamados sem precipitação, de forma clara e com as devidas pausas.

AS PARTES DA MISSA

38. Respeitando sempre a estrutura geral da Missa, que "consta, de certa maneira, de duas partes, a saber: Liturgia da Palavra e Liturgia Eucarística, e também de alguns ritos que iniciam e concluem a celebração",[18] dentro das diversas partes da celebração parecem necessárias as seguintes adaptações para que as crianças realmente, "por meio dos ritos e das orações", segundo as leis da psicologia infantil, experimentem, à sua maneira, "o mistério da fé".[19]

---

[18]   Cf. ibid., n. 8.

[19]   CONCÍLIO VATICANO II, Constituição sobre a Sagrada Liturgia, *Sacrosanctum Concilium*, n. 48.

Importante também é a última recomendação: que se mantenha um ritmo pausado, sereno, da celebração, sobretudo na proclamação dos vários textos (as leituras, as orações, sobretudo a Oração Eucarística...).

38. *Revisão para a Missa em seus diversos momentos*

Começa aqui (até o número 54) a descrição das adaptações que parecem mais necessárias nas Missas com crianças, seguindo passo a passo a estrutura da celebração. É preciso lembrar que DMC 20 já indicou que seriam enumeradas as adaptações "mais gerais", não as únicas possíveis neste tipo de Missas (em latim: *aptationibus, et quidem generalioribus tantum*). A maior realização fica por conta das Conferências Episcopais. A finalidade é clara: para que realmente as crianças

62   *Celebrar a Eucaristia com crianças*

39. A fim de que a Missa com crianças não seja demasiadamente diferente da Missa com adultos,[20] alguns ritos e textos nunca devem ser adaptados às crianças, como "as aclamações e respostas dos fiéis às saudações do sacerdote",[21] o Pai-nosso, a fórmula trinitária na bênção final com que o sacerdote conclui a Missa. Recomenda-se que, paulatinamente, as crianças vão se acostumando ao Símbolo Niceno-constantinopolitano, além do uso do Símbolo dos Apóstolos (cf. n. 49).

---

[20]   Cf. acima n. 21.

[21]   *Instrução Geral sobre o Missal Romano*, n. 35.

---

experimentem o mistério da fé através dos ritos e das orações (cf. SC 48), a própria celebração deve ser, por suas palavras e gestos, mistagógica. Certamente, isso deve ser feito sem mudar demais o modo da celebração: "respeitando sempre a estrutura geral da Missa".

39. Não muito diferente

É um princípio pedagógico que vem ressoando em números anteriores: a celebração eucarística das crianças deve conduzir à comunitária, e portanto não deve ser muito diferente (cf. DMC 21). Aqui se deduz outra conseqüência: a adaptação ou mudança não deve afetar os elementos de modo a tornar a elas mais difícil a integração nas Eucaristias da comunidade.

Concretamente, são citados vários desses elementos que convém serem comuns: as aclamações, as respostas aos diálogos com o sacerdote, o Pai-nosso, a fórmula da bênção final...

O que o número diz sobre o Creio (o "longo") deve, naturalmente, ser matizado com o que dirá depois (cf. DMC 49) sobre a fórmula mais breve (a antiga do catecismo), que em muitos países foi incorporada já desde o início ao Missal.

III — Missas com crianças, das quais somente alguns adultos participam   63

a) Ritos iniciais

40. Uma vez que o rito inicial da Missa tem por finalidade "que os fiéis, reunindo-se em assembléia, constituam uma comunhão e se disponham a ouvir atentamente a Palavra de Deus e celebrar dignamente a Eucaristia",[22] deve-se procurar suscitar essas disposições nas crianças, evitando-se a dispersão na multiplicidade dos ritos propostos.

Por isso, é perfeitamente permitido omitir um ou outro elemento do rito inicial, ou talvez desenvolver mais um deles. Porém, sempre haja pelo menos um elemento introdutório que seja concluído pela coleta. Na escolha, cuide-se que cada elemento apareça a seu tempo e nenhum seja sempre desprezado.

---

[22]   Ibid., n. 46.

---

40. A arte de saber começar bem

É bom sempre diferenciar entre o objetivo e os meios para consegui-lo. Aqui temos um bonito exemplo desse critério pastoral. A *finalidade* de todo o rito de entrada (cf. IGMR 46) é que os fiéis a) constituam uma verdadeira comunidade, com consciência de que vão celebrar algo em comum, e b) preparem-se ao que vai ser o conteúdo principal da celebração: a Palavra e a Eucaristia.

No caso das crianças, *os meios* concretos que o Missal propõe para conseguir essa finalidade podem parecer excessivamente sobrecarregados e de difícil organização pedagógica: canto, saudação, monição, ato penitencial, *Kyrie*, Glória, oração... Pode ocorrer de o propósito desejado ser prejudicado por uma excessiva acumulação de ritos. Ainda se está na parte introdutória; não convém já aqui esgotar a limitada capacidade de atenção das crianças.

E corajosamente se dá a solução: pode-se, se for conveniente, *omitir* algum desses elementos (por exemplo, em dias muito festivos, o ato penitencial, ou o *Kyrie* em outros), ou então *desenvolver* mais algum

64 — Celebrar a Eucaristia com crianças

b) Proclamação e explicação da Palavra de Deus

41. Como as leituras da Sagrada Escritura constituem "a parte principal da liturgia da Palavra",[23] nunca pode faltar a leitura da Bíblia mesmo nas Missas com crianças.

---

[23] Ibid., n. 55.

---

deles para que produza mais eficazmente o fruto desejado (o ato penitencial em dias de penitência, o Glória cantado em dias de festa especial, ou a procissão de entrada).

O Missal Romano é bom mestre na arte de buscar elementos simbólicos para começar a celebração em dias especiais: a imposição de cinza na Quarta-feira de Cinzas, uma prostração na Sexta-feira Santa, uma procissão com luzes e uma oração na Vigília Pascal etc.

A imaginação pastoral e o senso de adequação sugerirão mais elementos nesse rito inicial: o ensaio de cantos, a saudação mútua, a música ambiental, as leituras não bíblicas para preparar o tema das bíblicas, o diálogo de experiências antes da celebração, a meditação breve com projeção de imagens, os momentos de silêncio...

A última recomendação é que na seleção desses elementos se guarde sua própria identidade (o ato penitencial, por exemplo, não é a absolvição do sacramento da Penitência) e que no conjunto das celebrações de um ano todos sejam contemplados (não é bom que sempre falte o Glória, ou que o ato penitencial seja descartado sistematicamente).

41. *Importância da Palavra de Deus*

O *Diretório* dedica um espaço privilegiado à pedagogia a ser empregada com as crianças em torno da Palavra de Deus (cf. nn. 41-49). Também em suas Missas as leituras bíblicas devem centrar a atenção na primeira parte da celebração, sem nesse momento misturá-las, portanto, com outras não bíblicas.

III — Missas com crianças, das quais somente alguns adultos participam 65

42. Com relação ao número das leituras para os domingos e dias de festa, devem ser observadas as normas dadas pelas Conferências Episcopais. Se as três ou as duas leituras previstas para os domingos ou dias da semana não podem, senão com dificuldade, ser compreendidas pelas crianças, convém ler somente duas ou uma delas; entretanto, nunca falte a leitura do Evangelho.

A Palavra de Deus não se proclama para entreter, ou como narrativa piedosa, ou como catequese sistemática. É "celebrada" com atitude de fé, com canto, com meditação, com a consciência de que Deus nos fala hoje e aqui — também às crianças — e de que Cristo, "por sua Palavra, se acha presente no meio dos fiéis" (IGMR 55). Deve-se promover a atitude de escuta celebrante: "fala, Senhor, que teu servo escuta". É preciso colocar-se diante da Palavra considerando-a não uma lição ou tema de estudo, mas sim uma Pessoa que nos fala, que tem tempo para nós, que nos interpela e nos anuncia seu amor e seu plano de salvação.

42. *Número de leituras*

Uma primeira adaptação: nessas Missas pode-se reduzir o número de leituras bíblicas. Aos domingos temos normalmente uma primeira leitura do Antigo Testamento (exceto no Tempo Pascal, quando essa leitura é dos Atos dos Apóstolos), uma segunda dos escritos apostólicos e uma terceira do evangelista do ano. O risco — também para os adultos — de uma fragmentação excessiva da mensagem (já que a segunda leitura não necessariamente está sintonizada com as outras duas) é bem maior no caso das crianças.

A solução é oferecida por esse número: suprimir ou a primeira ou a segunda leitura ou ambas, mantendo sempre o evangelho. Seria, contudo, um empobrecimento reduzir sistematicamente a celebração ao evangelho. O Antigo Testamento é um autêntico canteiro de obras, uma história concreta da atuação de Deus e da resposta que o povo de Israel e os homens lhe deram. Mais que muitas cartas do Novo Testamento, a História da Salvação que se percebe nas páginas do Antigo Testamento pode ser uma escola de atitudes de fé também para as crianças.

66 Celebrar a Eucaristia com crianças

43. Se todas as leituras determinadas para o dia não forem adequadas à compreensão das crianças, é permitido escolher as leituras ou a leitura seja do Lecionário do Missal Romano, seja diretamente da Bíblia, mas levando-se em conta os diversos tempos litúrgicos. Recomenda-se, porém, às Conferências Episcopais que elaborem Lecionários próprios para as Missas com crianças.

Se, por causa da capacidade das crianças, parecer necessário omitir um ou outro versículo da leitura bíblica, far-se-á com cautela e de tal maneira que "não se mutile o sentido do texto ou a mente e o estilo da Escritura".[24]

---

[24] Missal Romano, "Lecionário I", *De Ordine Lectionum Missae*, Introdução Geral, n. 7 d.

---

43. Trocar as leituras (novos Lecionários)

Uma segunda adaptação possível, sempre com a finalidade de que as crianças cheguem a celebrar com satisfação e proveito a Palavra de Deus, é trocar as leituras próprias do dia por outras que pareçam mais convenientes em um momento determinado. A possibilidade é dupla: tomá-las do Lecionário, ou então da própria Bíblia, de acordo com a festa ou o tempo litúrgico.

Também cabe uma redução interna, suprimindo alguns versículos ou passagens, com as condições que aqui se estabelecem. É um sistema que o próprio Lecionário oficial praticou com freqüência, ao não seguir exatamente as passagens em leitura contínua, mas escolhendo seus versículos a fim de esclarecer mais a mensagem.

A tarefa que aqui se dá a cada Conferência Episcopal de elaborar um *Lecionário mais adaptado* às Missas com crianças já foi seguida por várias nações, como Itália e Alemanha. Na Itália, já em 1976, foi editado (Editora Vaticana) e elaborado pelo episcopado local um *Lezionario per la Messa dei fanciulli* [Lecionário para a Missa das crianças], de 472 pp. (cf. notícia e conteúdo em *Phase* 108 [1978], pp. 555-561). Na Alemanha, a partir de 1981, foi publicado um ainda mais completo, não apenas para a Eucaristia, mas para outras celebrações, com abundante material de monições e sugestões pastorais.

III — Missas com crianças, das quais somente alguns adultos participam **67**

44. Entre os critérios de seleção dos textos bíblicos, há que se pensar mais na qualidade que na quantidade. Uma leitura breve nem sempre é por si mesma mais adequada à capacidade das crianças do que uma leitura mais prolongada. Tudo depende da utilidade espiritual que a leitura lhes pode proporcionar.

45. Evitem-se as paráfrases da Sagrada Escritura, uma vez que no próprio texto bíblico "Deus fala a seu povo... e o próprio Cristo, por sua palavra, se acha presente no meio dos fiéis".[25] Recomenda-se, entretanto, o uso de versões talvez existentes para a catequese das crianças e que tenham sido aprovadas pela autoridade competente.

---

[25] *Instrução Geral sobre o Missal Romano*, n. 55.

---

44. Leituras breves ou longas?

Diante da possível tendência — superficial — de diminuir leituras ao celebrar com crianças, é conveniente lembrar que nem sempre um texto breve é mais inteligível. Isso acontece nas orações — as orações e prefácios do Missal Romano pecam, às vezes, por excessiva concisão — e também pode acontecer nas leituras. Se uma leitura contiver uma narrativa, por exemplo, são necessárias não apenas as palavras-chave, mas também o contexto, os detalhes, a cena.

O número traz um interessante princípio pastoral: "tudo depende da utilidade espiritual que a leitura lhes pode proporcionar".

45. Respeitar o texto bíblico

À parte as liberdades já enumeradas, não seria necessário cair em um recurso que mais de um tentou: explicar ou parafrasear a leitura à medida que ela é feita. Fazem-no com uma intenção pastoral, mas é um método que pode obscurecer o que a Palavra de Deus oferece, confundindo o que ele diz com o que nós acrescentamos, ou dando-lhe um tom excessivamente didático a toda a celebração. Como alternativa, o número sugere o uso de traduções mais pedagogicamente preparadas.

68   *Celebrar a Eucaristia com crianças*

46. Entre uma leitura e outra devem-se cantar alguns versículos de salmos escolhidos cuidadosamente para a melhor compreensão das crianças, ou um canto ao estilo dos salmos, ou o "Aleluia" com um verso simples. Porém, as crianças sempre devem tomar parte nesses cantos. Nada impede que um silêncio meditativo substitua o canto.

Se for escolhida somente uma única leitura, o canto poderá ser executado depois da homilia.

---

46. *Cantos entre as leituras*

A estrutura da celebração na primeira parte da Eucaristia conta também com cantos:

— à primeira leitura segue *um salmo*, em forma responsorial e se possível cantado, à maneira de meditação poética do que a leitura disse;

— antes da terceira leitura, a evangélica, sobretudo nos dias mais festivos, há *uma aclamação*, que se converte em uma proveitosa profissão de fé na Palavra que Cristo vai nos dirigir de modo especial em seu evangelho; por isso, canta-se de pé, na mesma postura que vai ser escutada a proclamação evangélica.

No caso das crianças, são sugeridas *algumas modificações*:

— o Salmo Responsorial continua sendo válido, e é conveniente que a princípio as crianças se acostumem também ao canto dos salmos; esse salmo costuma ser escolhido para fazer eco às palavras da primeira leitura; será necessário escolher para as crianças os salmos mais simples, mas de modo que a) seja na verdade um salmo, e não um canto qualquer; b) cantado, se possível, ao menos em seu estribilho; e c) sirva de ressonância às próprias idéias centrais que a leitura bíblica proclamou (esperança, arrependimento, louvor, gratidão, entusiasmo...);

— quando não for possível encontrar nenhum salmo ou nenhuma antífona, permite-se entoar outro canto a modo de salmo, que desempenhe realmente o mesmo papel: não se trata de qualquer letra, porque agora cabe cantar, mas um canto que nos ajude a aprofundar o que Deus nos

III — Missas com crianças, das quais somente alguns adultos participam   *69*

47. Grande importância merecem os diversos elementos que servem para a melhor compreensão das leituras bíblicas, a fim de que as crianças possam assimilá-las e compreendam, cada vez melhor, a dignidade da Palavra de Deus.

Entre esses elementos estão as monições que precedem as leituras[26] e dispõem as crianças para ouvir atenta e frutuosamente, seja explicando o contexto, seja conduzindo ao próprio texto. Se a Missa é do santo do dia, para a compreensão e ilustração das leituras da Sagrada Escritura pode-se narrar algo referente à vida do santo não só na homilia, como também nas monições antes das leituras bíblicas.

Quando o texto da leitura assim o permitir, pode ser útil distribuir entre várias crianças suas diversas partes, tal como

---

[26]   Cf. ibid., n. 31.

---

disse na leitura; sempre será melhor respeitar o salmo, já acostumando assim as crianças a seu canto;

— a sugestão do "Aleluia com versículo" não parece muito feliz, porque é melhor reservar o Aleluia para a aclamação antes do evangelho e não para a meditação da primeira leitura;

— mais interessante é fazer, logo depois da primeira leitura, um momento de silêncio;

— ou então preparar um canto adequado para depois da homilia, enfatizando as atitudes que a Palavra de Deus despertou em nós.

47. *Os recursos da pedagogia*

Não seria bom confiar muito que a Palavra de Deus atua sempre *ex opere operato* e quase automaticamente. A parábola em que Cristo comparou a Palavra com uma semente já indica bem que nem sempre o terreno está bem preparado nem produz o fruto. É preciso "ajudar" a Palavra. O Missal oferece alguns recursos, os quais aqui são lembrados como particularmente úteis para as Missas com crianças:

— a monição antes da proclamação da leitura, à maneira de apresentação e ambientação;

70 *Celebrar a Eucaristia com crianças*

se costuma fazer para a proclamação da Paixão do Senhor na Semana Santa.

48. Em todas as Missas com crianças deve-se dar grande importância à homilia, pela qual se explica a Palavra de Deus. A homilia destinada às crianças pode realizar-se, algumas vezes, em forma de diálogo com elas, a não ser que se prefira que escutem em silêncio.

— no caso das festas de um santo que tenham leituras próprias, a monição pode servir muito bem para conectar a mensagem bíblica com a lição de vida do santo (um mártir, um sábio, um doutor, um pastor...): os santos são um exemplo vivo de como se pode cumprir, a partir das diversas circunstâncias da vida, o programa evangélico,

— a leitura "dialogada", naquelas passagens que sugerem isso por seus diálogos e ação.

Caberia lembrar aqui outra série de "ajudas" pedagógicas, a qual inclui:

— o lugar da proclamação (o ambão e o livro),

— a procissão com o livro bíblico, em algumas festas,

— a boa proclamação, preparada, serena, expressiva,

— a possível encenação, sóbria, que não necessite de muita preparação nem aparato,

— a meditação posterior sobre algumas imagens que dialogam com a leitura,

— ou então o comentário sobre imagens que as próprias crianças realizaram a partir da mensagem central das leituras...

48. *A homilia*

Quem preside — que faz as vezes de Cristo — dedique alguns minutos da homilia para comentar e aplicar a Palavra de Deus à vida dos participantes; isso é um dos sinais mais expressivos de que levamos a sério o que Deus nos diz, de que não é apenas para cumprir um

III — Missas com crianças, das quais somente alguns adultos participam 71

49. Quando ao final da Liturgia da Palavra tem que se dizer o *Credo*, pode-se empregar com as crianças o Símbolo dos Apóstolos, posto que faz parte de sua formação catequética.

preceito que lemos as escrituras, mas muito mais porque ela é uma palavra dita para nós hoje e aqui, e que acolhemos com atitude de fé e obediência.

É também uma perspectiva fundamental na pedagogia da fé com as crianças: desde pequenas se acostumam assim com o fato de que não se trata apenas de "mencionar" algumas leituras, mas de querer que estas "ressoem" em suas vidas. A homilia pode ser uma ajuda fundamental. Jamais deve faltar.

Além disso — único caso nos documentos atuais —, o número permite uma intervenção direta das crianças, à maneira de diálogo.

49. *O Creio (e a oração universal)*

Nos dias em que a celebração da Palavra desemboca na profissão de fé, pode-se recitar ou o Creio longo (o que há atualmente no Missal) ou o breve, conforme o que estabelece o *Diretório*, e agora já é oficial também para as Missas de adultos.

Há também Creios dialogados, à maneira de responsório por blocos, alternando com um coro ou solista que vai cantando os diversos artigos de fé, mais ou menos resumidos, ao estilo da profissão de fé que se faz nos batizados ou na Vigília Pascal. É bom que as crianças alternem essas formas cantadas com a recitação da fórmula que depois recitarão na Missa comunitária com os adultos.

Aqui conviria notar que, nesses números do *Diretório* dedicados à primeira parte da celebração, não se especifica um momento que já havia sido citado: *a oração universal* (cf. DMC 29). É importante que também as crianças entrem na dinâmica dessa oração: saber pedir e interceder pelos demais (cf. IGMR 69), preparar com elas de antemão as intenções mais atuais e universais, com caráter de petição (e não, por exemplo, de ação de graças), que reflitam a vida e a história que vivemos, o sentido de universalidade e a solidariedade que todos os cristãos nos pedem com as intenções mais urgentes da humanidade.

c) Orações presidenciais

50. Para que as crianças possam realmente associar-se ao celebrante nas orações presidenciais, o sacerdote pode escolher os textos mais aptos do Missal Romano, levando em conta, entretanto, o tempo litúrgico.
51. Algumas vezes não basta essa livre escolha, para que as crianças possam considerar as orações como expressão de sua própria vida e de sua experiência religiosa,[27] pois as orações foram feitas para os fiéis adultos. Nesse caso, nada impede que se adapte o texto do Missal Romano às necessidades das crianças, respeitando-se, entretanto, sua finalidade e, de certa maneira, sua substância, e evitando-se tudo o que é estranho

---

[27] Cf. Conselho Executor da Constituição sobre a Sagrada Liturgia, *Instrução sobre a tradução dos textos litúrgicos para a celebração com o povo*, de 25 de janeiro de 1969, n. 20: *Notitiae* 5 (1969), p. 7.

---

50. *Sintonizar com o presidente que reza*

Quando o sacerdote reza presidencialmente, a comunidade — neste caso as crianças — deveria poder segui-lo com facilidade, entender o que diz, sintonizar com ele. Isso depende da linguagem dos textos, que às vezes são muito abstratos e breves. E também do modo de dizê-los: falta a muitos sacerdotes sensibilidade presidencial; correm muito, não dão ênfase ao que dizem, parece que o dizem para si mesmos e não em nome e para toda a comunidade.

Para essas Missas com crianças, sugere-se aqui uma primeira adaptação: se o texto das orações (oração da coleta, sobre as oferendas e depois da comunhão) não parece adequado a elas, podem-se escolher outras orações do Missal que pareçam mais convincentes.

51. *Outra novidade: adaptar as orações*

Mas isso pode não bastar. Por isso, o *Diretório* permite que o sacerdote presidente adapte ou altere um pouco a oração. Às vezes, melhorando sua tradução, ou acrescentando algum inciso, ou mudando outro.

III — Missas com crianças, das quais somente alguns adultos participam **73**

ao gênero literário de uma oração presidencial, como, por exemplo, exortações moralizantes e formas de falar demasiado pueris.

52. Na Eucaristia celebrada com as crianças, o mais importante deve ser a Oração Eucarística, que é o ponto alto de toda a celebração.[28] Muito depende da maneira como o sacerdote

---

[28] Cf. *Instrução Geral sobre o Missal Romano*, n. 78.

Não é supérflua, no entanto, a observação final: não se trata de converter essas orações em exortações morais (à maneira de pequena homilia) nem de introduzir nelas uma linguagem pueril.

O episcopado italiano deu outra mostra de criatividade, ao publicar, além do Lecionário para crianças, um Missal novo para essas Missas: *La Messa dei fanciulli*, editado também pela Editora Vaticana em 1976. Buscou uma linguagem mais simples para essas orações, simplificando também suas conclusões etc. Sem ser um prodígio de criatividade, é contudo um bom sinal, por parte de um episcopado, de querer adaptar a celebração para as crianças seguindo as diretrizes do DMC. E tudo é oferecido "à maneira de exemplo"...

52. *A Oração Eucarística*

Desde que em 1967 foi traduzido e proclamado o "cânon romano" (Oração Eucarística I), e em 1968 foram compostas três novas Orações Eucarísticas, essa oração central da Eucaristia passou para o primeiro plano da celebração e da catequese.

Aqui se ressalta a importância dessa oração, a necessidade de que ela seja bem proclamada e o cuidado para com as aclamações com que as crianças confirmam o que o presidente diz. Em seu conteúdo, são destacados alguns aspectos: a presença de Cristo (o número poderia ter afirmado que Cristo já está presente na comunidade reunida, segundo IGMR 50, e na proclamação da Palavra, segundo IGMR 55), agora no pão e no vinho consagrados, como comida e bebida sobrenatural para seus fiéis; a ação de graças; o oferecimento de Cristo e da Igreja com ele...

74 *Celebrar a Eucaristia com crianças*

recita essa Oração[29] e da forma como as crianças dela participam, escutando em silêncio e por meio de aclamações. A própria disposição de ânimo que esse ponto central da celebração requer, e a tranqüilidade e reverência com que tudo se executa devem levar as crianças a manter o máximo de atenção na presença real de Cristo no altar sob as espécies do pão e do vinho, no seu oferecimento, na ação de graças por ele, com ele e nele, e na oblação da Igreja que então se realiza e pela qual os fiéis se oferecem a si mesmos e sua vida inteira com Cristo ao Pai Eterno na unidade do Espírito Santo.

Empregar-se-ão somente as quatro Orações Eucarísticas aprovadas pela autoridade suprema para as Missas com adultos e introduzidas no uso litúrgico, enquanto a Sé Apostólica não dispuser outra coisa para as Missas com crianças.

d) Ritos antes da comunhão

53. Terminada a Oração Eucarística, segue-se sempre o Pai-nosso, a fração do pão e o convite para a comunhão,[30] pois esses elementos são de grande importância na estrutura dessa parte da Missa.

---

[29] Cf. acima, nn. 23 e 37.
[30] Cf. acima, n. 23.

A respeito das novas Orações Eucarísticas que podem ser pensadas para essas Missas com crianças, o documento ainda não pôde oferecê-las, embora de alguma maneira já anunciasse o que ia acontecer mais tarde, com a aparição das três novas.

53. *Preparar a comunhão*

Desde o Amém com que se conclui a Oração Eucarística até o momento da comunhão com o Corpo e Sangue de Cristo, há no Missal uma série de orações, cantos e gestos simbólicos que têm a intenção de preparar e motivar para a comunhão.

III — Missas com crianças, das quais somente alguns adultos participam 75

e) A comunhão e os ritos seguintes

54. Tudo deve desenrolar-se de tal maneira que as crianças já admitidas à Eucaristia, devidamente dispostas, com tranqüilidade e recolhimento se acerquem da sagrada mesa e participem plenamente do mistério eucarístico. Se for possível, entoar-se-á um canto adequado às crianças, durante a procissão da comunhão.[31]

---

[31] Cf. SAGRADA CONGREGAÇÃO DOS RITOS, Instrução *Musicam Sacram*, de 5 de março de 1967, n. 32: AAS 59 (1967), p. 309.

A idéia fundamental de todos esses elementos é a fraternidade e a paz. Aqui se destaca especialmente o Pai-nosso, a fração do pão e o convite para a comunhão. Seria interessante, em relação à fração do pão, que desde pequenas as crianças se acostumassem com formas grandes do pão (IGMR 321 dá especial ênfase nisso, para significar simbolicamente a unidade de todos) e, se possível, com um pão ázimo que "pareça realmente um alimento", como indica IGMR 321. A autenticidade dos sinais deve ajudar a entender a intenção que Cristo e a Igreja depositaram na Eucaristia.

54. *A comunhão*

Um dos momentos das Missas com crianças que se deve cuidar mais é precisamente aquele que constitui sua culminação: a comunhão com o Corpo e Sangue de Cristo.

Conseguir que seja um ato verdadeiramente consciente, sagrado e cheio de fé é a finalidade de todo o rito. E também as crianças devem aprender a realizá-lo a partir da fé, e não como um de tantos momentos de festa ou companheirismo. Tudo deve conduzir ao "mistério". Não é a mesma coisa celebrar o aniversário de um amigo, ou uma festa escolar, e receber o Corpo e o Sangue de Cristo.

Aqui se convida, antes de tudo, a fazer uma procissão até o altar, até a mesa para a qual Cristo nos convida, cantando algo adequado ao mo-

A monição que precede a bênção final[32] é muito importante nas Missas com crianças, porque elas necessitam que, antes de despedi-las, se lhes dê, em breves palavras, uma certa repetição e aplicação do que ouviram. É sobretudo nesse momento que convém fazê-las compreender o nexo entre a liturgia e a vida.

Pelo menos algumas vezes, por ocasião dos tempos litúrgicos e em certos momentos da vida das crianças, o sacerdote utilizará as formas mais ricas de bênção, porém, conservando sempre a fórmula trinitária com o sinal-da-cruz no fim.[33]

---

[32] Cf. *Instrução Geral sobre o Missal Romano*, n. 31.

[33] Cf. acima, n. 39.

---

mento. Mas também se afirma que tudo se realize com recolhimento e tranqüilidade.

O número poderia ter insistido em alguns outros detalhes de uma pastoral saudável: por exemplo, em como ensinar as crianças a receber o Corpo do Senhor na mão com toda reverência, assim como a comungar sob as duas espécies quando pareça conveniente, seguindo o espírito aberto de IGMR 281 e 283 e as indicações do episcopado brasileiro na 33ª Assembléia Geral (CNBB. *Guia litúrgico-pastoral*. 2. ed. Brasília, CNBB, 2007. pp. 46-49).

No mesmo número, fala-se também brevemente do que poderíamos chamar "a arte de saber acabar bem" uma celebração. A Missa acaba com a bênção que o sacerdote — em nome de Cristo — dá a todos os que celebraram com ele. Indicam-se alguns detalhes:

— a monição final, breve e animadora, que relacione o que foi celebrado com o que temos que continuar vivendo fora da celebração;

— uma bênção, que nos dias principais pode ser mais desenvolvida, seguindo as fórmulas do Missal Romano;

— acabando sempre com a fórmula trinitária e o sinal-da-cruz: assim, a cruz será o sinal com o qual se começará e se concluirá a celebração.

55. Tudo o que contém este *Diretório* visa a que as crianças, celebrando a Eucaristia, sem dificuldade e com alegria, possam ir unidas ao encontro do Cristo e estar com ele diante do Pai.[34] E assim formadas pela participação consciente e ativa no sacrifício e no banquete eucarístico, aprendam cada vez mais a anunciar o Cristo dentro e fora de sua casa, entre seus familiares e companheiros, vivendo a fé que "opera pela caridade" (Gl 5,6).

Este *Diretório*, preparado pela Sagrada Congregação para o Culto Divino, foi aprovado e confirmado no dia 22 de outubro de 1973 pelo Sumo Pontífice Paulo VI, que ordenou sua publicação.

Da sede da Sagrada Congregação para o Culto Divino, 1º de novembro de 1973, solenidade de Todos os Santos.

Por especial mandato do Sumo Pontífice, Jean Cardeal Villot, Secretário de Estado; Anibal Bugnini, Arcebispo de Diocleciana e Secretário da Sagrada Congregação para o Culto Divino.

---

[34] Cf. Missal Romano, "Oração Eucarística II".

---

55. *Celebração e vida de fé*

O último número do *Diretório* formula de novo qual foi sua finalidade e o objetivo de toda educação eucarística das crianças:

a) dentro da celebração, que seja um ato de fé, um encontro proveitoso das crianças com Cristo, participando de seu sacramento e de sua oferenda na cruz, com sentimentos filiais para com Deus;

b) fora da Missa, uma vida de fé coerente com o que celebraram, incluindo uma atitude missionária, ou seja, de anúncio e testemunho de Cristo em todos os ambientes: entre amigos, colegas de escola, família...

SEGUNDA PARTE
AS ORAÇÕES EUCARÍSTICAS PARA MISSAS COM CRIANÇAS

UM PASSO PROVEITOSO E PROMISSOR

Enquanto o *Diretório* foi publicado em 1973, as três novas Orações para as Missas com crianças apareceram no ano seguinte, em 1974. Esse foi um passo lógico, mas não por isso menos surpreendente, proveitoso e promissor.

O critério que DMC 51 havia estabelecido de que as orações presidenciais deviam ser acessíveis às crianças, "como expressão de sua própria vida e de sua experiência religiosa", deveria logicamente ser aplicado também à oração central de toda a celebração: a Oração Eucarística. DMC 52 pedia que se utilizassem então as quatro existentes do Missal Romano, "enquanto a Sé Apostólica não dispuser outra coisa para as Missas com crianças".

Em novembro de 1974, Paulo VI aprovou três novos textos, elaborados originariamente em francês (o primeiro e o segundo) e em alemão (o terceiro), e o fazia ao mesmo tempo que surgiam duas novas Orações sobre a Reconciliação, nas vésperas do Ano Santo por ele promulgado para 1975.

Na *introdução a estas Orações*, assinada pelo Cardeal Knox — falecido em 1983 — e por Dom Bugnini — falecido em 1982 —, eram dadas algumas orientações gerais.

a) As novas Orações foram aprovadas *ad experimentum* para três anos; tempo que depois, em 1977, se prolongou por outro triênio, e, em 1980, de novo, por um tempo indefinido, até novo aviso. Enquanto isso, até que se tornassem oficiais, não seriam publicadas no Missal. Em relação ao tempo *ad experimentum*, tem sua razão de ser se verdadeiramente for aproveitado para revisar traduções, para avaliar resultados, para preparar textos e melodias de aclamações mais adequados... Se isso não acontecer, não se vê muito bem para que pode servir esse tempo provisório.

b) No começo se indicou que cada Conferência Episcopal *escolhesse apenas uma* das três Orações para crianças e apenas uma das duas

82 Celebrar a Eucaristia com crianças

de Reconciliação. Mas imediatamente (janeiro de 1975) já se permitiu que *se utilizassem todas*. A pergunta que paira no ar é o motivo da hesitação inicial...

c) *A tradução ficou a cargo de cada Conferência Episcopal*, com a indicação expressa de que se fizesse com certa liberdade, segundo a índole própria de cada língua, ainda podendo diferir um pouco do texto latino, contanto que se conservassem a estrutura geral, o sentido de seu conteúdo e sobretudo as palavras da narrativa da consagração em sua essência. A novidade foi que o texto latino já não era considerado o padrão, o que era razoável, porque dificilmente se rezará a Missa com crianças em latim. O latim se apresentava como "texto-base" e em cada país seria o texto-padrão para a tradução aprovada pela Conferência e confirmada por Roma. A novidade, portanto, é interessante: trata-se não apenas de traduzir, mas sim também de "criar segundo um modelo oferecido". As Conferências receberam o texto latino e ao mesmo tempo a redação original moderna, o que aparece como um novo estilo de colaboração entre Roma e as Igrejas locais, e como um modelo de uma nova criatividade litúrgica.

d) Finalmente, nesse prólogo, faz-se uma *interpretação um tanto restritiva*, no meu entender, em relação às Missas em que poderão ser empregadas essas Orações. Limita-se seu uso "às Missas celebradas apenas para as crianças ou naquelas em que a maioria dos participantes forem crianças", o que não parece de todo fiel ao que o *Diretório* havia afirmado (DMC 19 falava de um "número notável" de crianças na Missa com adultos [*notabilis numerus*], enquanto aqui se fala já de *maior pars*, de maioria). No número 14 das *Observações*, que estão a seguir, cita-se expressamente DMC 19. Tampouco parece lógica outra restrição que alguns episcopados fizeram: que essas Orações poderão ser empregadas apenas durante a semana, nas Missas com crianças, mas não aos domingos. Acredito que o espírito do *Diretório* não pedia isso, mas sim que também as Missas dominicais em que as crianças assistem em bom número — sem muita matemática — possam ser aplicadas algumas adaptações oferecidas para as Missas com quase só crianças.

* * * *

Com tudo isso, o documento que aqui se apresenta — as *Observações* e os textos das Orações para crianças — é *um passo esperançoso* da Igreja em sua reforma pós-conciliar: talvez um dos mais expressivos do espírito que mostrava o Concílio e depois o *Diretório*. É um esforço corajoso e meritório da Igreja de encontrar uma linguagem mais adequada às crianças e de ajudá-las a celebrar a Eucaristia a partir de seu próprio estilo de fé. Em certo sentido podemos dizer que a Igreja dos adultos se deixou ensinar pela das crianças, que são às vezes quem melhor entende o Reino e quem com maior clareza adota as atitudes de fé.

OBSERVAÇÕES QUANTO ÀS ORAÇÕES EUCARÍSTICAS PARA MISSAS COM CRIANÇAS[1]

1. O texto da Oração Eucarística adaptada às crianças deve ajudá-las a participar mais frutuosamente da Missa dos adultos.

Por isso o *Diretório para Missas com crianças* determinou que alguns textos da Missa nunca deveriam ser adaptados para elas "a fim de que a Missa com crianças não seja demasiadamente diferente da Missa com adultos" (DMC 39). Entre esses textos são citadas as "aclamações e as respostas dos fiéis às saudações do sacerdote". Portanto, nessas Orações

---

[1] Tomamos a *tradução destas Observações* feita pelo Secretariado Nacional de Liturgia (da Espanha) (Subsidia Litúrgica 26), mas com algumas correções, vendo o original, que apareceu na revista *Notitiae* 101 (1975).

1-2. *Não diferenciar muito*

Vê-se claramente a intenção destas normas: a finalidade última não são nem as Missas com crianças nem as peculiaridades de sua celebração, incluídas as Orações Eucarísticas próprias, mas a Missa celebrada com a comunidade.

As crianças, portanto, devem se familiarizar não apenas com as aclamações que foram acrescentadas a seus próprios textos, mas também com as da comunidade e as respostas aos diálogos com o sacerdote; sobretudo com as palavras centrais da narrativa, no que for substancial.

86 *Celebrar a Eucaristia com crianças*

Eucarísticas o diálogo do prefácio deve ser sempre o mesmo que nas Missas com adultos. O mesmo é necessário dizer do Santo, além do que se diz depois nos números 18 e 23.

2. Igualmente, de acordo com a Constituição Apostólica *Missale Romanum*, as palavras do Senhor devem ser as mesmas em todas as Orações Eucarísticas.

3. A fim de que as crianças diferenciem mais claramente as palavras que são ditas sobre o pão e sobre o vinho das que se referem à repetição da celebração, antes das palavras "fazei isto em memória de mim", foi introduzida a frase: "e disse também".

Analisando, concretamente, as aclamações oferecidas pelas novas Orações Eucarísticas, pode-se pensar que uma delas, ao menos, não segue rigorosamente esse critério: a aclamação do memorial. Em vez das três propostas no Missal Romano ("anunciamos, Senhor, a vossa Morte..."), as Orações Eucarísticas dessas Missas com crianças apresentam outras, que querem ser mais próximas de sua compreensão, mas também — se forem usadas exclusivamente — correm o risco de tornar estranhas às crianças as aclamações que ouvirão na Missa comunitária. Portanto, talvez conviria que, além das próprias, as crianças se acostumassem também às gerais.

3. *Novidade da aclamação do memorial*

Aqui se explica o motivo pelo qual se quis acrescentar uma frase e mudar a ordem entre aclamação e memorial depois da narrativa: isso tem relação com o que depois será dito pelo número 19.

Normalmente, nas Orações Eucarísticas do Missal Romano, imediatamente depois das palavras da narrativa (consagração) se acrescenta: "fazei isto em memória de mim", e depois se motiva a aclamação da comunidade com o convite "eis o mistério da fé". E, finalmente, o presidente faz o "memorial", ou seja, a anamnese, a comemoração (que o povo já antecipou).

Observações quanto às Orações Eucarísticas para Missas com crianças 87

4. As três Orações Eucarísticas para as Missas com crianças contêm todos os elementos que constam em uma Oração Eucarística, segundo o indicado na *Instrução Geral sobre o Missal Romano*, n. 79, salvo raras exceções. **5.** Esses elementos necessários estão presentes, em linguagem simples, adaptada às crianças, e trazem tudo aquilo que a tradição costuma expressar, por exemplo, na anamnese ou na epiclese.

Aqui se preferiu mudar a ordem: depois da narrativa, e antes das palavras "fazei isto...", se acrescenta, em tom ainda de narrativa: "e disse também". Mas também o sacerdote que preside antecipa, por sua vez, as palavras do memorial: apenas depois de ele ter feito a comemoração do mistério pascal de Cristo, sua Morte e Ressurreição, a comunidade canta sua aclamação.

Assim se deseja, por um lado, deixar evidente o nexo de "obediência" que nossa celebração tem em relação à missão de Jesus. E também se deseja motivar mais de perto a aclamação memorial das crianças, fazendo com que o presidente explicite melhor qual é o conteúdo dela.

4-5. Respeita-se a identidade da Oração Eucarística

Apesar de todas as adaptações de linguagem e da flexibilidade em sua redação, desejou-se conservar em sua essência a estrutura da Oração Eucarística também na Missa com as crianças, seguindo de novo o princípio de DMC 21 e 39.

Assim, desde cedo as crianças se acostumam a uma Oração Eucarística na qual não faltam nem a bênção agradecida ao Pai, nem o memorial de Cristo, nem a invocação sobre as oferendas, nem o laço de comunhão com toda a Igreja: as quatro partes principais de toda Oração Eucarística.

As adaptações que são feitas não rompem a unidade com as do Missal, embora no caso da invocação do Espírito, como depois mostraremos, talvez pudessem ter sido maiores.

88   *Celebrar a Eucaristia com crianças*

6. Embora se tenha buscado uma linguagem simples, os redatores tiveram sempre grande cuidado em evitar o perigo do infantilismo, que poderia prejudicar a dignidade da celebração eucarística, principalmente se afetasse as palavras que serão pronunciadas pelo celebrante.

7. Considerando que o princípio da participação ativa tem de certa maneira uma maior urgência quando se trata das Missas com crianças, para torná-las mais vivas e profundas (cf. DMC 22), aumentou-se o número das aclamações nas Orações Eucarísticas para Missas com crianças, mas sem chegar a obscurecer o caráter presidencial da Oração Eucarística.

---

6. Linguagem não infantil

Não se trata de falar a linguagem das crianças, mas uma linguagem que as crianças possam entender. O *Diretório* já havia advertido sobre o perigo de infantilizar excessivamente o estilo das orações presidenciais (cf. DMC 23 e 51 e o comentário que será feito a *Observações* 11).

7. Mais aclamações

A Oração Eucarística é presidencial: o sacerdote que preside a proclama em nome da comunidade e do próprio Cristo. Mas a comunidade, além de escutá-la e sintonizar com ela, vai destacando-a também com breves intervenções, que, se cumprirem sua própria identidade (breves, adaptadas ao momento concreto dentro da Oração etc.), não poderão "obscurecer o caráter presidencial" de toda a Oração Eucarística.

Nas Orações Eucarísticas para crianças, procurou-se um maior número de aclamações, sugeridas pelo desejo de maior adaptação à psicologia infantil. Inclusive na narrativa da instituição foram acrescentadas duas aclamações na Oração Eucarística para Missas com crianças II.

Para alguns podem parecer incômodas tantas aclamações. Elas supõem, evidentemente, maior trabalho de preparação: é necessário achar uma melodia adequada, ensaiar como encaixá-las, como iniciá-las... Isso também exige mudança e adaptação no modo de proclamação do presidente.

Observações quanto às Orações Eucarísticas para Missas com crianças **89**

8. Como é muito difícil apresentar apenas uma Oração Eucarística para Missas com crianças, que se acomode às diversas culturas e à idiossincrasia dos povos em todo o mundo, pareceu conveniente propor ao menos três textos diversos.

A REDAÇÃO DESSAS ORAÇÕES EUCARÍSTICAS NOS DIVERSOS IDIOMAS

9. Cabe às Conferências Episcopais escolher um dos esquemas aqui propostos e procurar redigir um texto em língua vernácula que corresponda plenamente às exigências pastorais, pedagógicas e litúrgicas. Esse texto deve ser aprovado pela Conferência Episcopal e enviado à Sé Apostólica para sua confirmação.

É mais trabalhoso, mas também é um elemento muito valioso para a comunidade cristã — desta vez de crianças — poder participar com maior proveito de tudo o que o presidente proclama. O documento das *Observações* voltará a insistir, nos números 16-17, no modo de realizar essas aclamações.

9. *Traduzir as Orações Eucarísticas*

É necessário lembrar aqui o que foi dito anteriormente; apesar de esse número permitir apenas escolher uma das Orações, por parte de cada episcopado, muito em breve se mudou a norma e se indicou que as três podiam ser usadas.

Nesse número, o original latino (*Notitiae* 101 [1975]) traz com maior clareza os dois passos a realizar a respeito de sua tradução: primeiro vem a aprovação por parte da Conferência Episcopal e depois a confirmação por parte da Sé Apostólica.

90   *Celebrar a Eucaristia com crianças*

10. É conveniente que o trabalho de redação seja feito por uma comissão de homens e mulheres competentes não apenas em liturgia, mas também em temas pedagógicos, catequéticos, literários e musicais.

11. Essa comissão deve ter sempre presente que o texto latino, neste caso, não está destinado ao uso litúrgico e que, portanto, não se trata apenas de traduzi-lo.

O texto latino determina o objetivo, o conteúdo e a forma geral dessas Orações Eucarísticas, que devem ser os mesmos nas diversas línguas.

Mas aqueles elementos da língua latina (que nunca cultivou o estilo próprio da linguagem das crianças), a saber, a preferência pela construção em orações subordinadas, o estilo adornado e redundante, o chamado *cursus*, nunca devem ser traduzidos aos textos em língua vernácula destinados ao uso litúrgico. A linguagem deve ser totalmente adaptada não apenas ao gênio próprio dos diversos idiomas, mas também à forma como se fala às crianças quando se trata de assuntos importantes. Tudo isso tem muito maior aplicação quando se trata de idiomas mais distantes do latim, como as línguas não ocidentais.

Para facilitar o trabalho dos tradutores, apresenta-se também uma redação em alguma língua ocidental.

10-11. *Novidade: convida-se a uma tradução livre*

Como foi dito antes, o texto das *Observações* convida a que as traduções das Orações Eucarísticas para Missas com crianças sejam feitas com liberdade, mas tomando o texto latino como base e respeitando a estrutura e o sentido de seu conteúdo. A especificação do que é característico do estilo latino (orações subordinadas, adornos literários, ritmos etc.) é interessante e assinala um caminho a seguir também em outras traduções.

Observações quanto às Orações Eucarísticas para Missas com crianças　　**91**

12. Na redação desses textos é necessário distinguir bem os diversos gêneros literários de cada uma das partes da Oração Eucarística: prefácio, intercessões, aclamações, segundo os convenientes princípios indicados na Instrução de 25 de janeiro de 1969 sobre as traduções dos textos litúrgicos.

13. Procurem também as Conferências Episcopais que sejam preparadas formas musicais para o canto das partes correspondentes às crianças nessas Orações Eucarísticas, segundo a índole das diversas regiões.

12. *Respeitar os gêneros literários*

O que diz respeito aos gêneros literários de cada texto é importante. Assim como não é igual a forma musical escolhida para um Glória ou para o Cordeiro de Deus (o primeiro é um hino; o segundo, uma invocação de ladainha), também há diferença, dentro da Oração Eucarística, entre, de um lado, o estilo do Santo e, do outro, a aclamação do memorial ou o Amém final; e isso em sua forma tanto literária quanto musical.

13. *Compor melodia para as aclamações*

É conveniente ressaltar a incumbência que este número das *Observações* transfere — desde o ano de 1974 — às Conferências Episcopais: convida-as a prepararem formas musicais para as aclamações das Orações Eucarísticas para Missas com crianças, como já foi feito com as anteriores. Sem essas formas musicais, é mais inviável sua introdução na Oração Eucarística, a não ser que se conformem com uma recitação inexpressiva, naturalmente com papéis na mão, que mais distraem do que ajudam as crianças.

Se essas Orações Eucarísticas ainda não tiveram o sucesso pastoral que merecem, é em grande parte porque não se sabe o que fazer com suas aclamações, que por um lado deveriam ser cantadas (lembrar a recomendação DMC 30), mas por outro não tiveram muita atenção, por enquanto, por parte de nossos músicos.[*]

---

[*]　O *Hinário litúrgico* da CNBB (3º fascículo, Domingos do Tempo Comum Anos A, B e C. São Paulo, Paulus, 1991. pp. 56-57) registra as melodias do Pe. José Weber para as aclamações destas três Orações Eucarísticas (N.E.).

92 — Celebrar a Eucaristia com crianças

O USO LITÚRGICO DESTAS ORAÇÕES EUCARÍSTICAS

14. O uso dessas Orações Eucarísticas está reservado exclusivamente para as Missas com crianças, excetuando, no entanto, o direito do Bispo, segundo o estabelecido no *Diretório para Missas com crianças*.

15. Em cada nação será escolhida entre as três Orações Eucarísticas a que mais pareça corresponder à condição das crianças do país: seja a primeira, por sua maior simplicidade, ou a segunda, por ter uma maior participação, ou a terceira, por seus elementos variáveis.

---

14. *Muita restrição?*

Já foi indicado antes, na introdução a essas *Observações*, a interpretação restritiva feita por este número a respeito de quando podem ser empregadas as Orações Eucarísticas para Missas com crianças. O *Diretório* não falava de que as crianças tivessem que ser maioria na comunidade, mas apenas um "número notável", enquanto na introdução a essas *Observações* se fala de "maioria": mas como aqui, no número 14, em nota se cita precisamente DMC 19, acredito que tenham que ser mais flexíveis na hora de decidir seu uso pastoral. De todos os modos, fica indicada a referência do próprio Bispo.

15. *Podem ser usadas as três*

De novo se repete o que já havia sido dito antes, no número 9, sobre o número de Orações Eucarísticas que cada episcopado pode escolher: já foi indicado ali, no comentário, que um pouco mais tarde se ampliou a permissão para as três. A caracterização feita aqui das três Orações é simples e precisa.

Observações quanto às Orações Eucarísticas para Missas com crianças **93**

16. As novas aclamações podem facilmente ser introduzidas no uso litúrgico se cada uma é cantada ou recitada primeiro por um cantor ou uma das crianças, e depois todas as crianças a repetem cantando ou recitando.

Ao preparar os textos em língua vernácula, é necessário procurar que as aclamações sejam introduzidas com facilidade, por exemplo com uma palavra própria que suscite a aclamação.

17. As Conferências Episcopais podem introduzir, em lugar das novas aclamações, outras diferentes, contanto que expressem o mesmo sentido.

---

16. *Modo de realizar as aclamações*

Para tornar mais fácil a inserção das aclamações no conjunto da Oração Eucarística, sem necessidade de que as crianças tenham papéis em suas mãos, sugere-se aqui que elas sejam introduzidas ou cantadas antes por um cantor ou uma criança, e depois repetidas por todos. Mas, se forem cantadas, o que seria muito melhor, não é difícil que inclusive se possa prescindir da repetição, dando maior fluidez à recitação.

17. *Criatividade quanto às aclamações*

As aclamações dessas Orações Eucarísticas não são as únicas possíveis em seu texto ou em sua concepção. As Conferências Episcopais podem pensar outras mais adequadas, com o mesmo sentido e função em seu devido momento, como se indica aqui.

Nas edições concretas dessas Orações Eucarísticas, será muito proveitoso que se indicassem a melodia com a qual podem ser cantadas e também uma seleção de breves antífonas que podem servir de aclamação. Concretamente, deveria ser feito um esforço para que o Amém conclusivo fosse sempre cantado, e bem forte.

Atrevo-me a sugerir que no conjunto dessas aclamações há uma lacuna: embora haja uma ou várias ao Pai (em tom de louvor, no prefácio e em sua prolongação) e também uma ou várias cristológicas (na narrativa e no memorial), faltam aclamações que destaquem a invocação que se faz do Espírito Santo. Seria muito interessante que também nessas Missas, e mais ainda nas de adultos, fosse introduzida uma breve invocação

94

Celebrar a Eucaristia com crianças

18. É necessário que também as crianças aprendam a cantar ou a dizer o Santo, mas permanecendo válida a norma de que para esse canto possam "adotar as composições musicais apropriadas com versões populares aceitas pela autoridade competente, ainda que não estejam de acordo com o texto litúrgico" (DMC 31).

Nos vários povos que possuem o costume do canto em forma responsorial, as Conferências Episcopais podem permitir que o Santo seja cantado em tal forma.

---

ao Espírito depois da primeira epiclese, sobre o pão e o vinho, e esta seja repetida quando o presidente, depois da narrativa e do memorial, volta a invocá-lo na segunda epiclese, desta vez sobre as pessoas.

Um exemplo de aclamação ao Espírito já existe na Oração que Paulo VI aprovou para o Congresso Eucarístico de Manaus, em 1974. Depois da primeira invocação epiclética, a comunidade responde com esta aclamação-invocação: "mandai vosso Espírito Santo".

18. *O canto do Santo*

Para o Santo se lembra, antes de tudo, o que o *Diretório* diz a respeito da necessidade de que o texto da aclamação tenha que ser exatamente o que aparece no Missal Romano. Portanto, a "identidade" desse canto deve ser respeitada: trata-se de uma aclamação breve (não um canto qualquer) de louvor e bênção (não de petição ou de recomendações morais), dirigida a Deus Pai (a quem o presidente está se dirigindo, louvando-o pelo que fez na História da Salvação).

Se houver um Santo musicado à maneira responsorial (ou seja, com algumas frases cantadas por um solista e sua respectiva resposta em forma de um estribilho de todos), não há nenhum inconveniente em usá-lo, conforme o número expressa.

É interessante como as Orações Eucarísticas trataram de fato o canto do Santo. Na primeira, o texto original do Santo foi dividido em três aclamações, muito bem distribuídas, depois de outros tantos trechos de louvor (pela obra da natureza, pelo envio de Jesus Cristo e em

Observações quanto às Orações Eucarísticas para Missas com crianças 95

19. Por razões pedagógicas, mudou-se um pouco o lugar das aclamações dos fiéis depois da consagração. Assim, as crianças compreenderão mais facilmente a relação entre as palavras do Senhor "fazei isto em memória de mim" e a anamnese pronunciada pelo celebrante. A aclamação anamnética ou laudatória só é feita depois dessa anamnese.

20. Para fomentar a participação das crianças, podem-se, segundo o DMC, dar motivações particulares para a ação de graças antes do diálogo do prefácio (cf. DMC 22). Também vale aqui o afirmado no próprio *Diretório* a respeito dos gestos e atitudes corporais (cf. DMC 33). Mas antes de tudo é necessário dar grande importância à participação interna e ao

---

união com a grande família da Igreja). Na segunda, antes do Santo, já há duas aclamações — a mesma, repetida — e depois, além disso, é oferecido um texto alternativo ao Santo (embora não apareça na edição do Missal brasileiro, este texto será colocado em seu lugar correspondente).

19. *A aclamação do memorial*

O número 3 já havia explicado a razão do acréscimo da frase "e disse também". Mas aqui se explica como a aclamação do memorial (a correspondente ao "anunciamos, Senhor, a vossa Morte" do Missal) foi colocada, nessas Orações Eucarísticas para Missas com crianças, depois da lembrança comemorativa que o presidente faz da obra salvadora de Cristo (veja o comentário ao número 3).

20. *Para realizar melhor a Oração Eucarística*

Sempre foi uma queixa a passividade que parece invadir uma assembléia celebrante no momento da Oração Eucarística, quando esta é comparada com a primeira parte da Missa. Para que a participação na Oração Eucarística seja ativa e consciente, além de uma correta proclamação por parte do presidente e do cuidado que é necessário ter nas aclamações, são sugeridos aqui outros recursos pedagógicos:

— o "acréscimo" de motivações, antes do prefácio, do qual já falava DMC 22;

96 *Celebrar a Eucaristia com crianças*

afirmado no número 23 sobre a celebração festiva, fraterna e meditativa: tudo isso tem especial aplicação tratando-se da Oração Eucarística. **21.** Para fomentar essa participação interna, que deve ser levada muito em conta pelos pastores das crianças, é necessário que a celebração seja precedida e seguida de uma diligente instrução catequética. Entre os textos que servirão para ilustrar essa catequese das crianças, desempenham um papel eminente as Orações Eucarísticas que depois serão empregadas como ponto culminante das próprias celebrações eucarísticas com crianças (cf. DMC 12).

— a correta disposição de gestos e posturas corporais: a postura durante a Oração Eucarística, segundo o Missal, é de pé, exceto na consagração;

— e, sobretudo, o clima que deve ajudar a uma participação interna: o ritmo sereno, a escuta em silêncio, nos momentos em que o presidente fala, a sintonia interior com as grandes atitudes que a Oração Eucarística expressa (ação de graças, lembrança proveitosa de Cristo, invocação do Espírito, comunhão com a Igreja) e as características de uma celebração festiva, fraterna e meditativa, de que falava DMC 23.

21. *Necessidade de catequese sobre a Oração Eucarística*

A Oração Eucarística não foi objeto, até agora, de muito esforço catequético, nem em relação às crianças nem em relação aos fiéis nem em relação aos sacerdotes. Faz pouco tempo que é escutada em voz alta, e talvez não sintamos com relação a ela a mesma necessidade de compreensão que sentimos com relação à liturgia da Palavra. Mas, se quisermos que os fiéis — e mais ainda as crianças — participem ativamente dessa oração central da Missa, é necessário dedicar-lhe, além desses meios de conveniente pastoral dentro da celebração, uma sistemática catequese fora dela. Essa catequese não pode ser meramente teórica: é boa a recomendação feita de que se parta do próprio texto da Oração Eucarística. Aqui, sim, as crianças podem ter um texto à mão, para ir lendo e saboreando.

Observações quanto às Orações Eucarísticas para Missas com crianças **97**

22. As rubricas de cada uma das Orações estão em latim e devem ser publicadas com o texto vernáculo das Orações Eucarísticas.

As rubricas especiais para a concelebração, que as quatro Orações Eucarísticas do cânon romano têm, não são apresentadas nas Orações Eucarísticas para Missas com crianças, pois por razões pedagógicas parece preferível abster-se da concelebração nas Missas com crianças.

23. *Oração Eucarística para Missas com crianças I.* Para que as crianças se acostumem mais facilmente a cantar o Santo, na Oração Eucarística para Missas com crianças I, foi dividido em várias aclamações que concluem com "Hosana nas alturas!".

---

22. *Melhor não concelebrar*

A indicação de que presbíteros não concelebrem mais as Missas com crianças parece que obedece ao desejo de não distrair a atenção delas do que deve ser o central. É o sacerdote presidente, um apenas, o que "faz as vezes de Cristo" e o representa sacramentalmente.

23. *Características da Oração para Missas com crianças I*

O mais típico da Oração Eucarística para Missas com crianças I é, como foi dito antes, a divisão em três blocos de seu prefácio:

— o sacerdote dá graças a Deus pelo que fez em sua obra de criação do mundo e da natureza; as crianças respondem com uma aclamação — parte do Santo — que responde muito bem a esse conteúdo: "o céu e a terra proclamam a vossa glória!";

— o louvor se torna depois cristológico: mostra-se a gratidão a Deus porque nos enviou seu filho: e as crianças então proclamam duas vezes: "bendito o que vem em nome do Senhor";

— a terceira idéia é que nosso louvor não é apenas do grupo reunido, mas de toda a Igreja, tanto da que peregrina neste mundo (e se recita o nome do Papa e do Bispo) como daquela dos santos do céu (são lembrados a Virgem Maria e os apóstolos de modo especial); a aclamação correspondente é "Santo, Santo, Santo, / Senhor, Deus do universo!".

98   *Celebrar a Eucaristia com crianças*

Conforme foi dito no número 16, essas aclamações podem ser ditas ou cantadas primeiro por um cantor ou uma das crianças. Na quarta vez, quando se canta o Santo, todos podem cantar ou recitar todo o canto.

24. *Oração Eucarística para Missas com crianças II.* Na Oração Eucarística para Missas com crianças II, fora do Santo e da aclamação depois da anamnese, as demais aclamações são facultativas. As aclamações que vêm depois das palavras do Senhor sobre o pão e sobre o vinho devem ser consideradas e cantadas como uma meditação comum sobre o mistério eucarístico.

25. *Oração Eucarística para Missas com crianças III.* Na Oração Eucarística para Missas com crianças III, é apresentado unicamente o texto das partes variáveis que correspondem

---

24. *Característica da Oração para Missas com crianças II*

Na Oração Eucarística para Missas com crianças II, destaca-se o maior número de aclamações, embora a maioria apareça como livre. Concretamente, as duas que foram incluídas na narrativa da consagração — novidade — se interpretam como um toque meditativo e contemplativo do mistério celebrado.

25. *Características da Oração para Missas com crianças III*

A novidade desta última Oração é que admite variantes para diversos tempos litúrgicos ou festas,* em três momentos concretos de seu desenvolvimento: o prefácio (normalmente fala do Pai), na prolongação do mesmo (o *Vere Sanctus*, que costuma centrar-se no Filho) e a segunda epiclese (segunda invocação do Espírito). Naturalmente, essas três variantes devem ter uma unidade dentro de uma festa. Concretamente alguns episcopados, como o italiano e o alemão, já realizaram o trabalho de introduzir glosas ou variantes nesses momentos.

---

*   A tradução desta Oração Eucarística para o Brasil não contempla essas variantes (N.E.).

Observações quanto às Orações Eucarísticas para Missas com crianças **99**

ao Tempo Pascal.* A intenção é que para outros tempos e circunstâncias, as Conferências Episcopais elaborem textos apropriados e os introduzam no uso litúrgico uma vez que a Sé Apostólica os tenha confirmado segundo o indicado na carta circular sobre as Orações Eucarísticas.

Na redação destes textos é preciso ter o cuidado de que as três partes (o prefácio, a prolongação depois do Santo e a epiclese) se correspondam mutuamente.

Depois da consagração reaparece três vezes a mesma aclamação a fim de que se manifeste para as crianças o caráter laudatório e de ação de graças de toda a Oração Eucarística.

---

* A edição brasileira do Missal apresenta apenas o texto do Tempo Comum (N.E.).

ORAÇÃO EUCARÍSTICA PARA MISSAS COM CRIANÇAS I

É uma Oração Eucarística simples, positiva, em clima de admiração, alegria e festa. Seus conteúdos são facilmente compreensíveis e transmitem, de um modo acessível e enriquecedor, o louvor a Deus por tudo o que ele tem feito por nós. Sua característica fundamental é a divisão do prefácio de louvor em três blocos: criação, Cristo e Igreja. É uma Oração Eucarística indicada às crianças que começam sua experiência de vida eucarística.

diálogo introdutório   O Senhor esteja convosco.

Ele está no meio de nós.

Corações ao alto.

O nosso coração está em Deus.

Demos graças ao Senhor, nosso Deus.

É nosso dever e nossa salvação.

prefácio
primeiro bloco:
o louvor pela criação   Deus nosso Pai,

vós nos reunistes

e aqui estamos todos juntos,

para celebrar vossos louvores

com o coração em festa.[1]

Nós vos louvamos

por todas as coisas bonitas

que existem no mundo

e também pela alegria que dais a todos nós.

Nós vos louvamos pela luz do dia

---

[1] Os conceitos são muito simples e enriquecedores: "reunião", "festa", "coração".

e por vossa Palavra, que é nossa luz.
Nós vos louvamos pela terra
onde moram todas as pessoas.
Obrigado pela vida
que de vós recebemos.

aclamação ao primeiro **O céu e a terra proclamam a**
louvor da criação **vossa glória!**
Hosana nas alturas![2]

segundo bloco: Sim, ó Pai, vós sois muito bom:
o louvor por Cristo amais a todos nós
e fazeis por nós coisas maravilhosas.
Vós sempre pensais em todos
e quereis ficar perto de nós.
Mandastes vosso Filho querido[3]
para viver no meio de nós.
Jesus veio para nos salvar:
curou os doentes,
perdoou os pecadores.
Mostrou a todos o vosso amor, ó Pai;
acolheu e abençoou as crianças.

aclamação ao **Bendito o que vem em nome do**
segundo louvor, cristológico **Senhor.**
Hosana nas alturas![4]

---

[2] Esta aclamação corresponde bem ao que tinha sido o primeiro motivo de louvor: a criação do mundo e de seus habitantes.

[3] O segundo louvor se centra em Jesus: é uma cristologia muito amável e compreensível resumida aqui, na linha da Oração IV do Missal Romano.

[4] Esta segunda aclamação também se liga pontualmente ao tema de louvor do segundo bloco do prefácio.

Oração Eucarística para Missas com crianças I

terceiro bloco:
louvamos a Deus
com toda a Igreja

Nós não estamos sozinhos
para cantar vossos louvores.
Estamos bem unidos
com a Igreja inteira:
com o Papa N., com o nosso
Bispo N.[5]
e como todos os nossos irmãos.

Bendito o que vem em nome do Senhor.
Hosana nas alturas!

No céu também, ó Pai,
todos cantam o vosso louvor:
Maria, Mãe de Jesus,
os apóstolos, os anjos
e os santos, vossos amigos.[6]
Nós, aqui na terra, unidos a eles,
com todas as crianças do mundo
e suas famílias,
alegres cantamos (dizemos)
a uma só voz:

aclamação ao terceiro
louvor, eclesiológico

Santo, Santo, Santo
Senhor, Deus do universo!
Hosana nas alturas!

---

[5] O tema deste terceiro momento do prefácio é claramente eclesiástico. A menção do Papa e do Bispo não se faz pedindo "por" eles, como costuma acontecer em outras Orações Eucarísticas, mas orando "com eles", como já fazia o Cânon Romano (*"una cum famulo tuo..."*).

[6] Os santos, nesta Oração Eucarística, são nomeados não na perspectiva escatológica que costumam ter ao se falar deles no final da Oração Eucarística (como será o caso das Orações Eucarística para Missas com crianças II e III), mas na perspectiva do prefácio de louvor: entoamos nossa ação de graças "com eles".

104

Celebrar a Eucaristia com crianças

primeira epiclese, invocação do Espírito, sobre as oferendas	Pai, para vos dizer muito obrigado, trouxemos este pão e este vinho: pedimos que mandeis vosso Espírito Santo[7] para que estas nossas ofertas se tornem o Corpo e o Sangue de Jesus, vosso Filho querido. Assim, ó Pai, vos oferecemos o mesmo dom que vós nos dais.

Bendito sejais, Senhor Jesus!

narrativa da instituição	Jesus, antes de sua morte,[8] pôs-se à mesa com os apóstolos, tomou o pão nas mãos e, rezando, deu graças. Depois partiu o pão e o deu a seus amigos dizendo:

TOMAI, TODOS, E COMEI:
ISTO É O MEU CORPO
QUE SERÁ ENTREGUE POR VÓS.

Bendito sejais, Senhor Jesus!

---

[7] Na primeira tradução desta Oração Eucarística não se citava explicitamente o Espírito. Nesta reelaboração, sim. A dupla invocação do Espírito (a primeira sobre o pão e o vinho, e a segunda, depois da narrativa, sobre as pessoas) é um elemento importante.

[8] A narrativa da instituição da Eucaristia relaciona aqui a cena com a morte de um modo meramente cronológico. Nas outras Orações Eucarísticas a idéia já avançou para uma relação mais estreita.

Oração Eucarística para Missas com crianças I 105

Antes de terminar a ceia,
Jesus pegou o cálice de vinho
e agradeceu de novo.
Depois o deu a seus amigos, dizendo:

TOMAI, TODOS, E BEBEI:
ESTE É O CÁLICE DO MEU
SANGUE,
O SANGUE DA NOVA
E ETERNA ALIANÇA,
QUE SERÁ DERRAMADO POR
VÓS E POR TODOS,
PARA REMISSÃO DOS PECADOS.

E disse também:

FAZEI ISTO EM MEMÓRIA
DE MIM.[9]

Bendito sejais, Senhor Jesus!

memorial Nesta reunião fazemos o que
Jesus mandou.
Lembramos a morte
e ressurreição de Jesus
que vive no meio de nós.
Oferecemos, também,

---

[9] Em *Observações 3*, é explicado por que se quis acrescentar a frase "e disse também", ressaltando a tarefa de Jesus e nosso gesto de obediência ao celebrar a Eucaristia.

este Pão que dá a vida
e este Cálice da nossa salvação.
Junto com Jesus, ó Pai, entregamos
a nossa vida em vossas mãos.

aclamação **Com Jesus, recebei nossa vida!**

segunda epiclese, Pai que tanto nos amais,
invocação do Espírito, deixai-nos aproximar desta mesa
sobre as pessoas para receber o Corpo e o Sangue
do vosso filho.
Pedimos que o Espírito Santo
nos ajude
a viver unidos na alegria.

intercessões Ó Pai, sabemos que sempre
vos lembrais de todos.
Por isso, pedimos
por aqueles que nós amamos (N.N.)[10]
e por todos os que morreram
em vossa paz.
Cuidai dos que sofrem e
andam tristes;
olhai com carinho o povo cristão
e todas as pessoas do mundo.

---

[10] Nesta lista de intercessões, muito sucinta e propícia, abre-se espaço para nomear os pais, os amigos etc., segundo pareça conveniente à celebração. Por exemplo, fazer uma petição explícita pelos que se aproximam pela primeira vez da mesa eucarística:
"Hoje especialmente vos pedimos por vossos filhos
que pela primeira vez convidais
para participar do pão de vida e do cálice de salvação
na mesa de vossa família:
concedei-lhes crescer sempre em vossa amizade".

Oração Eucarística para Missas com crianças I

Com Jesus, recebei nossa vida!

louvor final   Diante de tudo o que fazeis
por meio de vosso Filho Jesus,
nós vos bendizemos e louvamos.
Por Cristo,
com Cristo,
em Cristo,
a vós, Deus Pai todo-poderoso,
na unidade do Espírito Santo,
toda a honra e toda a glória,
agora e para sempre.

aclamação final   **Amém**[11]

---

[11]   A doxologia final (desde "Por Cristo...") parece motivar todos a recitá-la. Nela, ao menos o Amém deveria ser cantado. O texto original oferecia uma aclamação alternativa:
"Glória a vós, Pai de bondade,
por Jesus Cristo, nosso Senhor,
no Espírito Santo que nos une
agora e por todos os séculos. Amém".

ORAÇÃO EUCARÍSTICA PARA MISSAS COM CRIANÇAS II

A idéia desta Oração Eucarística é *o amor* que Deus nos mostrou ao longo de toda a História da Salvação: um Deus que é Pai e nos ama, um Cristo que nos mostrou seu amor e nos ensinou a amar, um Espírito que sempre está presente... Sua característica mais evidente é a abundância de *aclamações* ao longo de toda a Oração Eucarística. Parece mais adequada para o final da catequese, ou para adolescentes que já tenham uma certa experiência celebrativa.

diálogo introdutório O Senhor esteja convosco.

Ele está no meio de nós.

Corações ao alto.

O nosso coração está em Deus.

Demos graças ao Senhor,
nosso Deus.

É nosso dever e nossa salvação.

prefácio de louvor Ó Pai querido,
como é grande a nossa alegria
em vos agradecer
e, unidos com Jesus,
cantar vosso louvor.
Vós nos amais tanto
que fizestes para nós
este mundo tão grande e tão bonito.

aclamação **Louvado seja o Pai, que tanto nos amou![1]**

Pai, vós nos amais tanto
que nos destes vosso filho Jesus
para que ele nos leve até vós.
Vós nos amais tanto
que nos reunis em vosso Filho Jesus,
como filhos e filhas da mesma
família.

Louvado seja o Pai, que tanto nos amou!

Por este amor tão grande
queremos agradecer.
Com os anjos e os santos,
alegres, cantamos (dizemos)
a uma só voz:

**Santo, Santo, Santo,
Senhor, Deus do universo!**

---

[1] O prefácio pode ser recitado de modo contínuo, desembocando no Santo, ou então em forma de ladainha, intercalando duas vezes essa aclamação antes do Santo. O conteúdo do louvor é, mais ou menos, como na Oração Eucarística para Missas com crianças I, a criação, o envio de Jesus e a Igreja. A aclamação deveria ser cantada com uma melodia adequada para uma aclamação de louvor. Ou então dever-se-ia procurar uma melodia conhecida e que tenha as mesmas características.

Oração Eucarística para Missas com crianças II   *111*

**O céu e a terra proclamam
a vossa glória.
Hosana nas alturas.**[2]

*prolongação
do louvor*

Sim, louvado seja vosso Filho Jesus,
amigo das crianças e dos pobres.
Ele nos veio ensinar
a amar a vós, ó Pai, como filhos
e filhas
e amar-nos uns aos outros,
como irmãos e irmãs.

aclamação

**Bendito o que vem em nome
do Senhor.
Hosana nas alturas!**[3]

Jesus veio tirar do coração
a maldade que não deixa ser
amigo e amiga
e trazer o amor que faz a gente ser
feliz.
Ele prometeu que o Espírito Santo

---

[2] No original se oferecia outro texto alternativo do Santo, segundo o critério de DMC 31:
Glória e louvor a nosso Senhor.
Santo é o Senhor, Deus do universo.
Glória e louvor a nosso Deus.
O céu e a terra proclamam o vosso esplendor.
Glória e louvor a nosso Deus.
Bendito o que vem ao vosso lado.
Glória e louvor a nosso Deus.
Se houver boa melodia e for possível cantar como uma ladainha, esse texto poderá ser incorporado.
Mas as crianças devem também saber cantar o Santo da Missa.

[3] Na segunda parte do louvor, como o conteúdo é mais claramente cristológico, repete-se a última parte do Santo, com alguma melodia conhecida. É uma boa idéia também para outras ocasiões em que o louvor sobre Cristo seja mais longo.

ficaria sempre em nós
para vivermos como filhos
e filhas de Deus.

**Bendito o que vem em nome
do Senhor.
Hosana nas alturas!**

primeira epiclese, Enviai, ó Deus nosso Pai,
invocação do Espírito, o vosso Espírito Santo[4]
sobre as oferendas para que este pão e este vinho
se tornem o Corpo e o Sangue
de Jesus, nosso Senhor.

**Bendito o que vem em nome
do Senhor.
Hosana nas alturas!**

narrativa Antes de morrer
Jesus nos mostrou
como é grande vosso amor.[5]
Quando ele estava à mesa
com os apóstolos,
tomou o pão e rezou,
louvando e agradecendo.
Depois partiu o pão
e o deu a seus amigos, dizendo:

---

[4] Desta vez a epiclese é claramente invocação do Espírito sobre o pão e o vinho.
[5] A narrativa dessa Oração Eucarística estabelece entre a ceia e a cruz uma ligação mais estreita do que a da Oração Eucarística para Missas com crianças I.

Oração Eucarística para Missas com crianças II 113

TOMAI, TODOS, E COMEI:
ISTO É O MEU CORPO
QUE SERÁ ENTREGUE POR VÓS.

aclamação   **Jesus, dais a vida por todos nós![6]**

Depois Jesus tomou o cálice
com vinho,
de novo rezou e agradeceu,
e o deu a cada um dizendo:

TOMAI, TODOS, E BEBEI:
ESTE É O CÁLICE DO MEU
SANGUE,
O SANGUE DA NOVA
E ETERNA ALIANÇA,
QUE SERÁ DERRAMADO POR
VÓS E POR TODOS,
PARA REMISSÃO DOS PECADOS.

E também disse:

FAZEI ISTO EM MEMÓRIA
DE MIM.[7]

aclamação   **Jesus, dais a vida por todos nós!**

---

[6]   A novidade é que inclusive dentro da narrativa, depois da consagração do pão e depois da do vinho, as crianças cantam uma aclamação: não apenas um louvor a Cristo, mas uma menção explícita à sua entrega pascal por nós.

[7]   De novo aqui, como na primeira, destaca-se o mandato do Senhor por meio da indicação "E também disse".

memorial	Por isso lembramos agora, Pai querido, a morte e a ressurreição de Jesus, que salvou o mundo. Ele mesmo se colocou em nossas mãos para ser este sacrifício que agora vos oferecemos. E assim somos cada vez mais atraídos para vós.[8]
aclamação	**Glória e louvor a Jesus que nos leva ao Pai!**
segunda epiclese, invocação do Espírito, sobre as pessoas	Escutai vossos filhos e filhas, ó Deus Pai, e concedei-nos o Espírito de amor. Nós, que participamos desta refeição, fiquemos sempre mais unidos, na vossa Igreja, com o Papa N., e com nosso Bispo N.,[9] com todos os outros bispos e com aqueles que servem o vosso povo.
aclamação	**Glória e louvor a Jesus que nos leva ao Pai!**

---

[8] Seguindo a opção explicada por *Observações 19*, o sacerdote proclama primeiro a comemoração, o memorial pascal de Cristo, para dar depois passagem à aclamação das crianças.

[9] Também aqui a menção do Papa e dos Bispos não é para pedir "por eles", mas "com eles", como na Oração Eucarística para Missas com crianças I.

Oração Eucarística para Missas com crianças II

Pedimos por aqueles que
amamos (N.N.)[10]
e também por aqueles
que ainda não amamos bastante.
Lembrai-vos dos que
morreram (N.N.):[11]
sejam todos recebidos
com amor na vossa casa.
Um dia, enfim,
reuni a todos nós em vosso Reino
para vivermos com Maria,
Mãe de Deus e nossa Mãe,
a festa que no céu nunca se acaba.[12]
Então, com todos os amigos de Jesus,
poderemos cantar para sempre
o vosso amor.

aclamação **Glória e louvor a Jesus**
que nos leva ao Pai!

---

[10] A última parte da Oração Eucarística é sempre uma verdadeira profissão de fé na comunhão eclesial. Mas a Igreja é ao mesmo tempo a comunidade peregrina na terra (e por isso lembra o povo e seus pastores), os mortos (os quais são sentidos muito próximos e pelos quais se intercede diante de Deus) e os santos do céu (por isso são lembrados a Virgem Maria e os santos principais). Nesta Oração Eucarística, essa tríplice Igreja se destaca claramente na estrutura da oração, e nessa mesma ordem.

[11] Tanto no momento em que nos lembramos dos vivos como quando nos lembramos dos mortos, há uma margem de concretização que pode ser oportuna em determinados dias. Por exemplo, pode ser feita uma menção especial dos que fazem a primeira comunhão:
Lembrai-vos de vossos amigos
que pela primeira vez convidais
para participar do Pão da Vida e do Cálice de Salvação
na mesa de vossa família.
Concedei-lhes crescer sempre em vossa amizade.

[12] Os santos são mencionados aqui, ao contrário da Oração Eucarística para Missas com crianças I, no final e com claro tom escatológico.

Por Cristo,

com Cristo,

em Cristo,

a vós, Deus Pai todo-poderoso,

na unidade do Espírito Santo,

toda a honra e toda a glória,

agora e para sempre.

aclamação final **Amém.**[13]

---

[13] Também aqui o original oferece um texto alternativo para o louvor final:
Com ele cantamos,
com ele vos abençoamos,
Glória a vós, Nosso Pai,
Agora e pelos séculos.
Amém, Amém, Amém, Amém.
O que parece urgente é que as crianças — e os adultos — saibam cantar fortemente vários Améns simples, que transmitam à aclamação final a solenidade e o tom resoluto e afirmativo que ela pede.

ORAÇÃO EUCARÍSTICA PARA MISSAS COM CRIANÇAS III*

Esta Oração Eucarística apresenta, quanto ao conteúdo, uma progresso com relação às duas Orações Eucarísticas anteriores: já não se fala apenas do amor de Deus ou da História da Salvação. Incluem-se referências contínuas também a nossas atitudes concretas, à nossa missão dentro dessa História. As relações mútuas, nossa obra de colaboração com Deus no mundo, ou seja, nossas respostas de fé ante a ação de Deus. Por isso, a Oração Eucarística para Missas com crianças III já supõe crianças um pouco maiores, acostumadas à celebração, e tempos fortes do ano litúrgico.

diálogo introdutório   O Senhor esteja convosco.

Ele está no meio de nós.

Corações ao alto.

O nosso coração está em Deus.

Demos graças ao Senhor,

nosso Deus.

É nosso dever e nossa salvação.

prefácio   Muito obrigado

porque nos criastes, ó Deus.

Querendo bem uns aos outros,

viveremos no vosso amor.

Vós nos dais a grande alegria,

de encontrar nossos amigos

e conversar com eles.

---

* A versão brasileira desta Oração Eucarística não apresenta as partes variáveis para cada tempo litúrgico sugeridas em *Observações 25* (N.E.).

118

Celebrar a Eucaristia com crianças

Podemos assim repartir com
os outros
as coisas bonitas que temos
e as dificuldades que passamos.

aclamação **Estamos alegres, ó Pai,
e vos agradecemos!**

conclusão do prefácio Por isso estamos contentes, ó Pai,
e aqui vimos para agradecer.
Com todos os que acreditam em vós
e com os anjos e santos
vos louvamos cantando (dizendo):

**Santo, Santo, Santo,
Senhor, Deus do universo!
O céu e a terra proclamam
a vossa glória.
Hosana nas alturas!
Bendito o que vem em nome
do Senhor!
Hosana nas alturas!**

prolongação do
prefácio Sois santo, ó Pai.
Amais todas as pessoas do mundo
e sois muito bom para nós.
Agradecemos em primeiro lugar
porque nos destes
vosso filho Jesus Cristo.

parte cristológica
desta prolongação Ele veio ao mundo,
porque as pessoas se afastaram de vós

Oração Eucarística para Missas com crianças III

e não se entendem mais.
Jesus nos abriu os olhos e os ouvidos
para compreendermos
que somos irmãos e irmãs
da família em que sois o nosso Pai.

conclusão da parte
cristológica

É Jesus que agora nos reúne
em volta desta mesa
para fazermos, bem unidos,
o que na ceia fez com seus amigos.

aclamação

Glória a Jesus, nosso Salvador!

primeira epiclese,
invocação do Espírito,
sobre as oferendas

Pai, vós que sois tão bom,
mandai vosso Espírito Santo
para santificar este pão e este vinho.
Eles serão assim
o Corpo e o Sangue
de Jesus Cristo, vosso filho.

narrativa

Antes de morrer por amor de nós,
Jesus, pela última vez,
pôs-se à mesa com seus apóstolos.
Tomou o pão nas mãos
e agradeceu.
Partiu o pão
e o deu a seus amigos, dizendo:

TOMAI, TODOS, E COMEI:
ISTO É O MEU CORPO
QUE SERÁ ENTREGUE POR VÓS.

aclamação	**Glória a Jesus, nosso Salvador!**

continuação da narrativa Do mesmo modo,
tomou nas mãos o cálice com vinho
e agradeceu de novo.
Deu o cálice a seus amigos, dizendo:

TOMAI, TODOS, E BEBEI:
ESTE É O CÁLICE DO MEU
SANGUE,
O SANGUE DA NOVA E ETERNA
ALIANÇA,
QUE SERÁ DERRAMADO POR
VÓS E POR TODOS,
PARA REMISSÃO DOS PECADOS.

E disse também:

FAZEI ISTO EM MEMÓRIA
DE MIM.

aclamação **Glória a Jesus, nosso Salvador!**

memorial e oferenda Por isso, ó Pai,
estamos aqui reunidos diante de vós
e cheios de alegria recordamos
o que Jesus fez para nos salvar.
Neste sacrifício,
que ele deu à sua Igreja,
celebramos a morte
e a ressurreição de Jesus.

Oração Eucarística para Missas com crianças III

Nós vos pedimos, ó Pai do céu,
aceitai-nos com vosso amado Filho.
Ele quis sofrer a morte
por amor de nós,
mas vós o ressuscitastes;
por isso vos louvamos.

aclamação **Com Jesus oferecemos, ó Pai,
a nossa vida!**

Jesus agora vive junto de vós, ó Pai,
mas ao mesmo tempo
ele está aqui conosco.
No fim do mundo ele voltará
vitorioso:
no seu Reino ninguém mais vai sofrer,
ninguém mais vai chorar,
ninguém mais vai ficar triste.
Vós nos chamastes, ó Pai do céu,
para que nesta mesa
recebamos o Corpo de Jesus,
na alegria do Espírito Santo.
Assim alimentados,
queremos agradar-vos sempre mais.

aclamação **Com Jesus oferecemos, ó Pai,
a nossa vida!**

segunda epiclese, Pai de bondade,
invocação do Espírito, ajudai o Papa N. e nosso Bispo N.
sobre as pessoas e os outros bispos da Igreja.

Ajudai também os amigos de Jesus,
para que vivam em paz no
mundo inteiro
e façam a todos bem felizes.
Fazei que, um dia,
Estejamos junto a vós
Com Maria, a Mãe de Deus,
E com todos os santos,
morando para sempre
em vossa casa com Jesus.

aclamação **Com Jesus oferecemos, ó Pai,
a nossa vida!**

conclusão Por Cristo,
com Cristo,
em Cristo,
a vós, Deus Pai todo-poderoso,
na unidade do Espírito Santo,
toda a honra e toda a glória,
agora e para sempre.

aclamação final **Amém.**

TERCEIRA PARTE
SUBSÍDIOS PARA MISSAS COM CRIANÇAS

ATO PENITENCIAL

MONIÇÕES

Estes textos, tirados do Missal italiano para Missas com crianças, são monições de entrada que se relacionam com o ato penitencial. Naturalmente são exemplos indicativos. O sacerdote que preside essas Eucaristias com crianças deve saber adaptar-se às circunstâncias e motivar a celebração com palavras incisivas, breves, que preparem o espírito de todos ao que vai ser celebrado, sobretudo a este primeiro ato de humildade, o ato penitencial, com o qual toda Eucaristia começa.

a) Queridas crianças
   Nós nos reunimos aqui para celebrar uma festa com o Senhor.
   Ele nos disse que, quando nos reunimos em seu nome,
   ele está presente entre nós.
   Nós, que hoje estamos aqui,
   respondemos a seu chamado e lhe dissemos:
   sim, aqui estou, Senhor.
   Por isso, podemos falar com ele
   e lhe render graças com suas próprias palavras.
   Mas antes de nos aproximarmos da mesa de sua Palavra
   e receber o Pão da Vida,
   devemos pedir-lhe perdão por nossas faltas,
   também em nome das outras crianças ausentes
   e de todos os que fazem o mal e não se arrependem.

b) Queridas crianças,
   Nós nos reunimos aqui convidados pelo Senhor.
   Queremos lhe falar do que fazemos, de nossas coisas,
   para que ele, com suas palavras,
   nos diga o que pensa delas
   e, com o Pão da Vida,
   nos dê força para fazer o que ele nos ensina.
   Mas antes devemos pedir-lhe perdão por nossos pecados,
   para assim ter o coração mais disposto e generoso.

c) Queridas crianças,
Jesus nos reuniu para celebrar esta Eucaristia.
Ele quer nos dar seu próprio Corpo como Pão da Vida,
para que possamos levar sua alegria
também a nossos irmãos e amigos.
Mas se não estamos dispostos
a fazer com que outras pessoas participem também
de seus dons e de nosso perdão,
o Senhor não pode nos acolher e nos perdoar,
como ele mesmo nos disse no Evangelho.

PETIÇÕES DA LADAINHA

Quando se utiliza a terceira modalidade de ato penitencial que aparece no Missal Romano, as várias invocações da ladainha, que concluem com "Senhor, tende piedade", podem também refletir melhor a vida das crianças. O Missal editado pelo episcopado italiano para essas Missas oferece, por exemplo, estas intenções:

— nos esquecemos de ti...

— não fazemos os favores que nos pedem...

— não perdoamos nem fizemos as pazes...

— não nos comportamos bem com nossos pais...

— pensamos muito em nós mesmos...

— você se tornou nosso irmão...

— você quer que as crianças se aproximem...

— você faz de todos nós uma só família.

Não convém insistir muito nas "situações de pecado", na hora do ato penitencial. Se prestarmos atenção no Missal Romano, ele dirige a atenção ao próprio Cristo: sua proximidade, sua vitória contra o mal, sua atitude de misericórdia e salvação.

Ato penitencial

CONCLUSÃO

O Missal italiano das crianças conclui as três modalidades do ato penitencial com esta fórmula:
Deus, Pai bom,
que nos perdoa sempre,
se estamos arrependidos de coração,
tenha misericórdia de nós,
perdoe nossos pecados
e nos conduza à vida eterna.

CINCO CONVITES EUCARÍSTICOS

— "vinde": o Senhor nos reúne para celebrar juntos; rito de entrada;

— "escutai": dirige-nos sua Palavra para iluminar nosso caminho;

— "dai graças": a Eucaristia é louvor e ação de graças;

— "tomai e comei": o melhor dom que Cristo nos faz, seu Corpo e seu Sangue;

— "ide": se no começo da celebração nos sentimos convocados, no final devemos nos sentir enviados, como testemunhas do que celebramos.

ORAÇÕES PRESIDENCIAIS

Todo rito de entrada da Missa conclui-se com a "oração do dia", a coleta. Seguindo a indicação do DMC 51, o episcopado italiano, no Missal para Missas com crianças, propôs uma série de fórmulas novas, com uma linguagem mais acessível. Eis aqui alguns exemplos, também para a "oração sobre as oferendas" e a "depois da comunhão".

ADVENTO

(Coleta)
Pai,
vós quisestes que, segundo o anúncio do anjo,
a Virgem Maria se convertesse em Mãe de vosso filho Jesus.
Fazei que, seguindo seu exemplo,
possamos dizer sempre "sim" à vossa Palavra
e sejamos chamados também nós bem-aventurados.

(Sobre as oferendas)
Pai santo,
olhai nossas oferendas
e concedei-nos que,
participando na mesa de Jesus,
recebamos força para esta vida e para a futura.

(Depois da comunhão)
Pai bom,
protegei esta vossa família,
que alimentastes com o Pão do céu,
e, pela força deste alimento,
reuni-a sempre mais em torno de vós.

Orações presidenciais

QUARESMA

(Coleta)
Ó Deus,
só vós sois bom
e nos chamais para ser vossos amigos.
Fazei que nossos corações sejam mais generosos
para imitar Jesus, vosso Filho e nosso Irmão.

(Sobre as oferendas)
Pai santo,
aceitai as oferendas que vos apresentamos,
livrai-nos do pecado
e conduzi-nos à vida nova.

(Depois da comunhão)
Pai bom,
o alimento de vida que nos dais,
que é Jesus, nosso Senhor,
nos dê força para nossa vida,
para crescer cada dia obedientes a vossa Palavra.

PÁSCOA

(Coleta)
Deus grande e poderoso,
concedei-nos a nós, vossos filhos,
que vivamos na alegria de Jesus Ressuscitado,
que está sempre entre nós.

(Sobre as oferendas)
Pai santo,
fazei que possamos cumprir, com um coração novo,
o que vosso amor nos pede.

(Depois da comunhão)
Pai bom,
a santa comunhão que recebemos
nos ajude a ser bons
para poder estar sempre convosco.

TEMPO COMUM

(Coleta)
Deus, nosso Pai,
que velais sempre sobre nós.
Fazei que escutemos bem vossa Palavra,
que nos ensina, dia a dia,
o caminho que devemos percorrer em nossa vida.

(Sobre as oferendas)
Pai bom,
estas oferendas que apresentamos
façam que estejamos sempre convosco,
como prometestes aos que confiam em vossa bondade.

(Depois da comunhão)
Pai santo,
que nos nutristes na mesa de vosso filho Jesus,
dai-nos a alegria de senti-lo cada dia próximo a nós.

MONIÇÕES ANTES
DO PAI-NOSSO

É um dos momentos que o sacerdote presidente pode modificar em relação à fórmula do Missal (cf. IGMR 31; DMC 23).

No Missal editado na Itália para as Missas com crianças, antes da fórmula tradicional ("Obedientes à palavra do Salvador e formados por seu divino ensinamento, ousamos dizer"), são oferecidas estas:

a) Nós nos reunimos em torno da mesma mesa
para receber o Corpo e o Sangue do Senhor.
Como uma só família, nos dirigimos agora a Deus
orando como Jesus nos ensinou.

b) Nosso Deus é bom para com todos.
Como Jesus disse,
faz o sol sair sobre os bons e sobre os maus.
Unamos nossa voz para invocar a Deus
como Pai de todos os homens,
para que todos aprendam a amar-se
e a perdoar-se como irmãos.

c) E agora, seguindo o ensinamento de Jesus a seus apóstolos,
e com a força do Espírito Santo,
sentimos a alegria de poder dizer.

Não é supérfluo lembrar que o Pai-nosso, na estrutura do Missal, está como o primeiro elemento na preparação da comunhão.

E já começa, primeiro como oração, a apontar a idéia da fraternidade, que depois se tornará visível simbolicamente no gesto da paz, na fração do pão e na procissão comunitária à Mesa do Senhor.

A monição do Pai-nosso deveria, portanto, destacar o aspecto da caminhada para a comunhão e da fraternidade de todos os convidados à Mesa Sagrada.

PREGAR ÀS CRIANÇAS

"Não há dano maior na cristandade do que descuidar das crianças" (Lutero).

Estas dez regras para a pregação às crianças foram publicadas em *Gottesdienst*, n. 3 de 1977, pelo liturgista alemão Balthasar Fischer.

1. Se, em uma comunidade cristã, o presidente-pregador nunca dirigir a palavra às crianças que participam da Missa dominical, não se pode dizer que nela se leva a sério a missão pastoral. Missão que agora mais do que nunca é encomendada à comunidade, devido às mudanças que houve no clima familiar e escolar.

2. A pregação às crianças, com maior razão que a aos adultos, está sob a lei do diálogo. Sua grande vantagem é que pode sempre — sobretudo em sua introdução — converter-se em diálogo real.

3. Cabe à homilia dirigida às crianças um pouco de jovialidade, muito otimismo e um toque de humor: uma atmosfera leve, comunicativa. Deve animar e avisar, sim, mas evitando uma constante moralização.

4. Aquele que prega às crianças deve saber narrar com linguagem adaptada a elas, principalmente quando resume a narrativa que já foi lida na Bíblia. Mas também quando narra algo da história dos santos ou da vida diária, embora em cada homilia não devesse ser feita mais de uma narração.

5. O que se narra como acontecido deve parecer como tal, não como inventado, mas como uma narrativa histórica crível. Claro que são legítimas também as criações pessoais, as comparações ou os apólogos livres, mas os que podem ser reconhecidos como tais.

6. Não é preciso que quem prega às crianças se limite ao vocabulário ativo das crianças. O que não deve ultrapassar é seu vocabulário passivo. Não pode lhes falar como a universitários; tampouco como a bebês.

7. Ao falar a crianças, é preciso preferir sempre o concreto ao abstrato, a voz ativa à passiva, o verbo ao substantivo, o tempo perfeito ao imperfeito, a linguagem direta à indireta.

Pregar às crianças   *133*

8. Não deveria haver nenhuma homilia para crianças na Missa que não estabelecesse o laço de união com a Eucaristia que vem a seguir.

9. O objetivo da pregação às crianças é comunicar-lhes toda a alegria que há na fé e no amor a Jesus Cristo.

10. Para o êxito dessa pregação, é decisivo um protagonista: o Espírito. O Espírito que fala a partir do pregador e o que habita no coração das crianças. E entre os fatores humanos, o principal é que o pregador ame as crianças.

Cinco atitudes importantes

Os bispos belgas, em sua carta às crianças, por ocasião do Ano Internacional da Criança, lhes deram esta tarefa: que saibam dizer estas cinco expressões: "bom dia", "obrigado", "sim, com muito prazer", "desculpe-me" e "por favor". São cinco atitudes que têm uma dupla vertente: a vida humana (dizer essas palavras às demais pessoas que entram em nossa esfera vital) e a vida cristã (dizê-las também a Deus).

a) *Cumprimentar* os pais, amigos, conhecidos, educadores; e cumprimentar também a Deus como Pessoa muito próxima a nós.

b) *Agradecer* a todos o que fazem por nós, sem cair na tentação da auto-suficiência; e louvar também a Deus pelo que faz por nós a todo momento.

c) *Mostrar nossa disponibilidade* de serviço e agrado às pessoas que convivem conosco; e também a Deus, sobretudo quando nos é proclamada sua Palavra.

d) *Reconhecer nossas próprias faltas* nas relações com amigos e pessoas mais velhas; e também diante de Deus, sobretudo no começo da Eucaristia e no sacramento da Reconciliação.

e) *Ter uma atitude de humilde confiança* nos demais; e saber pedir também a Deus, manifestando-lhe nossa fraqueza e nossa solidariedade para com todos os demais.

São tarefas que resumem muito bem, não apenas para crianças, mas para todos, as atitudes da oração e da vida cristã.

SUMÁRIO

Introdução 5

História de uma reforma esperançosa 7

PRIMEIRA PARTE
O Diretório para Missas com crianças

As idéias básicas do *Diretório* 13

Introdução 17

Capítulo I.
Educação das crianças para a celebração eucarística 25

Capítulo II.
Missas de adultos, das quais também as crianças participam 37

Capítulo III.
Missas com crianças, das quais somente alguns adultos participam 41

    Ofícios e ministérios da celebração 43

    Lugar e tempo da celebração 48

    Preparação da celebração 50

    Música e canto 51

    Os gestos 55

    Elementos visuais 58

    O silêncio 60

    As partes da Missa 61

SEGUNDA PARTE
As Orações Eucarísticas para Missas com crianças

Um passo proveitoso e promissor 81

Observações quanto às Orações Eucarísticas para
Missas com crianças 85

A redação dessas Orações Eucarísticas nos diversos idiomas 89

O uso litúrgico destas Orações Eucarísticas 92

Oração Eucarística para Missas com crianças I 101

Oração Eucarística para Missas com crianças II 109

Oração Eucarística para Missas com crianças III 117

TERCEIRA PARTE
Subsídios para Missas com crianças

Ato penitencial 125

Monições 125

Petições da ladainha 126

Conclusão 127

Cinco convites eucarísticos 127

Orações presidenciais 128

Advento 128

Quaresma 129

Páscoa 129

Tempo Comum 130

Monições antes do Pai-nosso 131

Pregar às crianças 132

Impresso na gráfica da
Pia Sociedade Filhas de São Paulo
Via Raposo Tavares, km 19,145
05577-300 - São Paulo, SP - Brasil - 2017